KB056807

평생 한두 번 오는
기회를 놓치지 않는
현명한 선택

평생 한두 번 오는
기회를 놓치지 않는 현명한 **선택**

- -

초판 발행 | 2013년 8월 7일

지은이 | 김성수
펴낸곳 | 도서출판 새희망
펴낸이 | 조병훈

등록번호 | 제38-2003-00076호
주소 | 서울시 동대문구 제기동 1157-3
전화 | 02-923-6718   팩스 | 02-923-6719

ISBN 978-89-90811-48-6   03190

값 13,000원

- -

평생 한두 번 오는
기회를 놓치지 않는
현명한 선택

새 희망

머리말

평생에 한두 번 오는 **기회**를 놓치지 않는,
현명한 **선택**

세상 그 누구도 자신이 태어나서 살아갈 환경을 선택할 수는 없다. 어떤 사람은 부유하고 명예까지 지닌 가정에 태어나지만, 어떤 사람은 최악의 환경이라고 부를 수밖에 없는 가정에 태어난다.

이 불평등한 출발점은 유리한 위치에 있는 사람이나 불리한 위치에 있는 사람이나 스스로 선택한 것이 아니다. 단지 누군가는 다른 누군가에 비해 운이 더 좋았던 것뿐이고, 또 어떤 사람은 다른 사람에 비해 운이 조금 부족한 것뿐이다. 어쩌겠는가! 이 불평등한 게임은 누구의 잘못도 장난도 아니다. 그냥 그렇게 된 것뿐이다.

하지만 태어난 그 이후의 인생은 스스로 결정할 수 있다. 원망과 질투로 인생을 보낼 것인지, 긍정과 위안과 끊임없는 도전으로 인생을 보낼 것인지는 선택하기에 달려 있다.

앞으로 나아가기로 결심하고 노력하는 사람들에게는 반드시 기회가 찾아온다. 왜냐하면 그들은 끊임없이 무언가에 도전하기 때문이다. 도전이야말로 기회의 다른 이름인 것이다.

하지만 기회는 누구에게나 주어지는 것이 아니다. 기회의 신은 준비가 되어 있는 사람에게만 찾아간다.

이 책은 기회가 찾아왔을 때 그 기회를 200% 활용할 수 있는 준비 위한 책이다. 이 책의 구성은 다음과 같다.

Chapter 1 기회를 잡는 사람들

기회는 언제나 우리 주위에 있지만 기회를 잡는 사람은 언제나 소수이다. 어떤 사람들이 기회를 발견하고 움켜쥐는지 살펴본다.

Chapter 2 기회를 부르는 인생

부정적인 사람들은 불가능한 이유에 매달린다. 반면 긍정적인 사람들은 가능성을 발견한다. 그 가능성을 목표로 만들고 하루하루 실천하는 사람은 반드시 기회를 잡는다. 긍정적인 사람들이 왜 놀라운 에너지를 내뿜는지, 어떻게 목표를 설정해야 하는지, 과감하고 끈기 있는 실천이란 어떤 것이지를 살펴본다.

Chapter 3 큰 기회를 부르는 작은 습관

미래는 현재의 행동의 결과이다. 그런데 인간의 행동 중에는 의식적인 행동보다 무의식적인 행동이 더 큰 비중을 차지하고 있다. 따라서 원하는 미래를 위해서는 인간의 무의식적인 행동 즉, 습관을 올바로 가지는 것이 결정적이다. 시간, 건강, 창의력을 중심으로 올바른 습관을 들이는 방법을 제안한다.

Chapter 4 기회와 인간관계, 실패와 기회의 관계

자신만 잘한다고 기회를 잡을 수 있는 것이 아니다. 모든 기회는 다른 사람과의 관계에서 나온다. 따라서 바람직한 인간관계를 쌓기 위한 노하우가 중요하다. 기회를 잡는 과정에서 누구나 한 번쯤은 만나는 것이 실패이다. 실패는 사람을 좌절에 빠뜨리지만 관리하기에 따라 더 큰 기회를 위한 반전 포인트가 될 수 있다. 어떻게 실패를 관리하여야 하는지 살펴본다.

오늘 이 시간에도 꿈을 꾸고 성공을 향해 달려가는 모든 독자분들께 기회의 신이 함께 하기를 바랍니다.

목차

CHAPTER 1
기회를 잡는 사람들

1 누가 기회를 발견하는가?

'나의 앞머리가 무성한 이유는 사람들이 내가 누구인지 금방 알아차리지 못하게 하기 위해서이지만, 나를 발견했을 때는 쉽게 붙잡을 수 있도록 하기 위해서이다.

나의 뒷머리가 대머리인 이유는 내가 지나가고 나면 다시는 나를 붙잡지 못하게 하기 위해서이며, 나의 발에 날개가 달린 이유는 최대한 빨리 사라지기 위해서이다.

왼손에 저울이 있는 것은 일의 옳고 그름을 정확히 판단하라는 것이며, 오른손에 칼이 주어진 것은 칼날로 자르듯이 빠른 결단을 내리라는 것이다.

나의 이름은 기회다.'

이탈리아 북부 토리노 박물관에는 기회의 신(神)이자 제우스의 아들인 카이로스(Kairos)의 조각상이 있는데, 그 조각상에는 위와 같은 내용의 문장이 씌어있다고 한다.

기회란 '어떠한 일이나 행동을 하기에 가장 좋은 때나 경우'를 말한다. 즉 기회란 하고자 하는 일이나 행동이 있다는 것을 전제로 하고 있다는 것이다. 이 점에서 기회와 행운은 다르다는 것을 알 수 있다. 행운은 '좋은 운수'라는 뜻이다. 길을 걷다가 돈을 줍는다거나, 로또에 당첨이 된다거나, 카지노에서 잭팟을 터뜨린다거나 하는 것 등을 말하는 것이다. 그 희박한 확률로 인해 사람들은 행운을 기적이라고도 한다. 노력으로는 도달하기 불가능한 영역인 이 행운과 기회를 동일하게 보는 사람들이 가끔 있다. 그래서 로또에 당첨된 게 자신의 노력으로 이루어진 것처럼 주위 사람들에게 자랑한다.

하우스 머니 효과(House money effect)라는 게 있다. 경제학자인 리처드 탈러가 이름 붙인 것으로 도박이나 우연히 줍거나 상속받은 돈은 일해서 번 것보다 가볍게 생각한다는 것이다. 그래서 아껴 쓰지 않고 위험부담이 큰 계획에도 과감하게 투자하는 경향을 말한다. 가끔 로또에 당첨되었지만 더 어려워진 사람들에 대한 기사를 접할 수 있는 것은 바로 이런 이유 때문이다. 물론 대부분의 로또 당첨자들은 그 이전보다 여유로운 삶을 즐기고 있을 것이라고 생각된다. 그리고 대부분의 사람들에게 행운은 그 자체로서 큰 기회가 되기도 한다.

기회는 돈이나 명예, 권력 등을 얻고자 하는 목표 안에서 만들어진다. 성공은 부단한 목표의 설정과 그 목표의 달성을 수없이 반복해야만 얻을 수 있는 과실이다. 우리는 이 반복들 속에서 무수한 기회들이 스쳐지나갔다는 것을 확인할 수 있다. 다만, 우리들 대부분은 기회의 신이 지나간 이후에야 그것이 기회였음을 알 수 있는 것이다.

우리는 준비된 만큼의 기회를 볼 수 있고, 그 볼 수 있는 만큼의 기회를 잡을 수 있으며, 그 기회를 통해 준비된 만큼의 성공을 거둘 수 있다. 기회는 기적을 일으키는 행운과 달라서 우리를 한순간에 정상의 자리에 올려주지는 못한다. 그러나 언제나 우리의 주변을 맴돌면서 우리가 준비되기를 기다리고 있다. 그리고 마침내 준비가 되었을 때 그 모습을 드러낸다. 바로 그때 기회를 알아차리고 붙잡는 것은 정확한 판단력과 과감한 결단력이다. 준비된 사람이라면 기회가 도둑처럼 찾아오더라도 그를 알아볼 수 있을 것이다.

준비된 사람만
기회를 발견할 수 있다

미국의 유명한 인권지도자인 킹 목사가 젊었을 때의 이야기다.

킹 목사는 짐을 가득 실은 수레를 끌고 가다 비탈길 입구에 들어서게 되었다. 그는 비탈을 올려다 본 후 발걸음을 멈추고 생각했다.

'혼자서는 도저히 안 되겠는데.'

그는 수레를 세우고 도와줄 사람이 나타나기를 기다렸다. 하지만 지나가는 사람들 중에서 그를 도와주겠다고 나서는 사람은 없었다. 한참을 기다리던 그는 어쩔 수 없이 혼자서 수레를 끌고 올라가야만 했다.

수레는 무겁고 비탈길은 가팔라서 온 몸이 땀에 젖고 숨이 막힐 지경이었다. 그런데 어느 순간부터 수레가 가벼워지기 시작했다. 그가 힘들게 수레를 끄는 모습을 보고 지나가던 사람들이 하나 둘 다가와 수레를 밀어주기 시작했던 것이다.

스스로 일어서려고 노력하지 않는 사람에게는 기회가 찾아오지 않는다. 기회의 신은 도전하고 땀흘리는 사람들에게만 그 얼굴을 보여준다. 우리 주위에는 아무런 노력도 하지 않으면서 왜 자신에게는 기회가 오지 않느냐고 한탄하는 사람들이 있다. 이런 사람들은 실제로는 자신에게 기회가 찾아와도 그것이 기회인지 아닌지 알지 못하는 사람들이다.

꿈을 꾸고 도전하지 않는 사람들에게는 목표가 없다. 하루의 목표도, 한 달의 목표도, 일 년의 목표도, 미래의 목표도 없다. 이렇게 목표가 없는 사람들이 기다리는 것은 기회가 아니라 뜻밖의 행운이다. 기회가 오지 않는다고 말하고 있지만 실제로는 어느 날 갑자기 자신의 인생을 반전시켜 줄 눈 먼 행운을 기다리고 있는 것이다.

물론 로또 1등에 당첨되거나 해서 일확천금의 행운을 잡을 수도 있다. 행운은 사람을 가리지 않기 때문이다. 하지만 그러한 행운은 말 그대로 천운이 따라야만 가능한 것이다. 그리고 평생에 한 번 올지 안 올지도 모르는 확률을 가지고 있다. 누군가는 처음 로또를 샀는데 1등이 될 수도 있고, 누군가는 일생 동안 전 재산을 모두 로또를 사는 데 쏟아도 헛일이 될 수도 있는 것이다.

하지만 기회는 다르다. 기회는 성공하기 위해, 꿈을 이루기 위해 노력하는 사람들에게는 반드시 오게 되어 있다. 우리는 '평생에 세 번의 기회가 온다' 라는 말을 흔히 사용한다. 이 말은 가장 큰 기회들을 말하는 것일 것이다. 하지만 이렇게 인생에 한두 번 오는 큰 기회도 자세히 들여다보면 작은 기회들이 쌓여서 나타난다는 사실을 알게 된다. 실상 매일 매 시간이 우리에게는 기회이지만 이런 기회가 모두의 눈에 보이는 것은 아니다.

목표를 가지고 준비하는 사람은 매일 벌어지는 작은 일 속에서 더 큰일을 위한 기회를 발견하고 도전한다. 그리고 기회가 올 때마다 도전하는 사람들에게는 좀 더 큰 기회가 계속 나타나는 것이다.

결국 인생을 결정지을 기회가 그에게 왔을 때 그는 이미 준비된 사람이 되어 이를 놓치지 않고 꼭 붙잡는 것이다. 그러나 아무런 목표 없이 어떤 것도 준비하지 않는 사람은 일상에서 기회를 발견할 수 없고, 따라서 큰 기회 역시 잡을 수 없다. 그런 사람들은 그저 뜻밖의 행운이 굴러들어오기를 기다릴 뿐이다.

기회를 활용하면 가파른 계단이 엘리베이터로 바뀐다

기회를 잡는다는 것은 로또를 구입하는 것과 다르다. 기회는 모두가 볼 수 있는 게 아니다. 그리고 준비되어 있지 않은 사람은 기회를 우연히 발견해도 기회의 등에 올라타지 못한다. 그래서 기회는 도처에 널려 있지만 그 기회를 잡아 성공하는 사람은 드물다.기회를 잡기 위해서는 미리 준비가 되어 있어야 하고, 빠른 판단력과 과감한 결단력이 있어야 한다. 그리고 무엇보다 자신만의 목표와 꿈이 있어야 한다. 목적지가 없는 사람에게는 지름길도 갈림길도 의미가 없기 때문이다.

말콤 글래드웰은 『아웃라이어』에서 '1만 시간의 법칙' 이라는 성공

법칙을 강조하고 있다. 아이스하키 선수, 축구 선수, 바이올리니스트, 피아니스트, 작곡가, 소설가 등의 다양한 분야에서 세계적인 반열에 오른 사람들은 어김없이 1만 시간의 훈련과정을 거쳤다는 것이다. 타고난 천재성에 1만 시간이라는 긴 시간 동안 피나게 노력했기 때문에 그들이 성공할 수 있었다는 것이다.

1만 시간은 하루 세 시간씩 꼬박 10년의 시간이다. 물론 하루에 여섯 시간이면 5년, 하루에 열 시간이면 3년이다. 그들은 이 1만 시간의 훈련 뒤에 기회를 발견했고 과감하게 기회의 등 위에 올라탔다. 그들의 1만 시간의 훈련 시간에는 작은 기회들과 유혹들이 있었지만 흔들리지 않고 그들만의 길을 선택해서 지금의 성공을 이룬 것이다.

비즈니스에 관한 대가로 이름난 파브슨에게 어느 날 젊은 제자가 찾아왔다.

"선생님께서는 수년간 비즈니스에 관한 통계를 연구하셨는데 혹시 성공의 비결이라고 할 만한 것을 찾으신 게 있는지요?"

"성공의 비결이라, 물론 있지."

"무엇입니까?"

제자는 호기심 어린 눈으로 파브슨을 바라보았다.

"잘 들어보게. 직장인 중 성공한 사람들은 대부분 오후 6시에서 10시까지의 네 시간을 중요하게 여겼다네."

제자는 그 말이 무슨 뜻인지 몰라 자세하게 설명해달라고 부탁했다.

"사람들은 직장에 근무하고 있는 동안이 중요하다고 생각하지. 하지만 근무 중에 성실하게 일하는 것은 너무도 당연한 일 아닌가? 하지만 퇴근을 해서 집에 돌아가면 하는 일 없이 시간을 보내는 사람과 공부하며 노력하는 사람이 있는데 여기에서 큰 차이가 생기기 마련이지. 퇴근 후의 그 네 시간을 자기에게 필요한 전문지식을 쌓기 위해 노력한다면, 1년이면 1,460시간이라는 대단한 시간이 되어버리지."

제자는 조금 알겠다는 듯 고개를 끄덕였다.

"그렇게 10년을 보냈다고 생각해보게. 자기가 공부한 분야에서는 분명히 전문가의 반열에 올라있을 것이네. 오히려 이렇게 노력했는데도 불구하고 성공을 하지 못한다면 그게 이상한 것이지. 지금까지 보았던 성공한 사람들은 다들 이런 노력을 한 사람들이라네."

1만 시간의 법칙이라는 성공법은 얼핏 들으면 누구나 할 수 있는 것처럼 보일지도 모르지만 좀 더 생각해보면 결코 쉽지 않은, 아니 매우 하기 어려운 법칙이다. 10년을 하루같이 매일 네 시간을 보낸다는 것은, 누군가에게는 의지력을 발휘하면 가능한 일이겠지만 다른 누군가에게는 여러 이유로 불가능한 일일 수도 있기 때문이다.

이러한 성공법의 대부분은 이미 검증된 인물들을 분석해서 나온 방식들이다. '그들은 어떻게 해서 성공할 수 있었을까' 하는 궁금증이 '그들의 성공에는 어떤 공통점이 있지 않을까'라는 생각으로 만들어진 결과들이다.

하지만 성공했다고 하는 그 많은 사람들의 공통점만을 모아서 그들의 성공의 이유라고 말하기에는 무리가 있다. 왜냐하면 그들이 살던 시대와 그들의 가정환경, 그만의 타고난 유전자 등이 너무도 다양하기 때문이다. 또한 통속적인 성공 스토리에 빠지지 않는 열악한 가정환경이라는 조건 또한 그들의 성공의 밑거름이 되기보다는 걸림돌이 되는 경우가 더 많을 것이다.

따라서 세상의 그 어떤 성공법도 자신의 상황과 정확하게 일치하는 성공법은 없을 것이다. 그러나 모든 성공한 사람들에게는 '기회의 활용'이라는 공통점은 있다. 대부분 그들은 불굴의 열정으로 꿈을 위해 노력하면서 기회가 왔다고 생각될 때 그 기회를 놓치지 않고 잡았으며, 그 기회를 또 다른 기회의 발판으로 삼았다는 것이다. 때로는 큰 행운을 얻었지만 만족하지 않고 행운을 기회로 바꾸어 더 큰 성공을 이룬 사람도 있다.

이들에게 기회의 활용이 다음 단계로 올라가는 가파른 계단을 엘리베이터로 바꾸어 준 것이다.

가장 먼저 할 일은 자기 자신과
자신의 환경을 직시하는 것이다

모든 사람들에게는 할 수 있는 것과 할 수 없는 것, 가지고 있는 것과 가지지 못한 것이 있다. 그것이 현재의 우리의 모습이다. 그런데 세상에는 이것을 잘 모르는 사람들이 있다. 그래서 남들이 보기에는 엉뚱한 꿈을 꾸기도 하고 무리한 일에 매달려 시간을 소진하기도 한다.

지금보다 나은 인생을 살기 위해 무언가를 시작하려는 사람이라면 반드시 자신과 자신의 주변 환경을 먼저 분석해야 한다. 누군가에게는 훌륭한 약일지라도 자신에게는 독이 될 수도 있기 때문이다.

지금처럼 자기계발 도서가 홍수처럼 쏟아져 나온 시기가 있었을까? 지금처럼 많은 공부법과 돈을 버는 비법들, 성공학 도서들이 붐을 이룬 적이 있었을까? 서점에 가면 셀 수도 없을 정도로 많은 공부법과 자기계발 도서들이 진열되어 있다. 아니 진열되어 있는 도서보다 두 배, 세 배의 도서가 보이지 않는 곳에 쌓여 있다.

그만큼 스스로 변화하고자 하는 욕구가 강하기 때문일 것이다. 반대로 이야기하자면 스스로 변화하지 않으면 살아남기 어려운 시기라는 뜻이기도 하다. 그래서 베스트셀러 도서를 꼼꼼히 정독하며 변화의 의지를 불태운다. 마치 내일이라도 당장 성공할 것 같은 상상에 빠지기도 한다. 하지만 자기계발 도서를 수백, 수천 권 읽어도 인생은 변화되지 않는다. 작은 습관 하나도 저절로 바뀌지는 않기 때문이다. 오히려 단 한 권의 자기계발 도서를 읽고 그 지침에 따라 의지를 불태우며 실행으로 옮기는 사람에게 더 많은 변화가 일어난다. 문제는 방법을 많이 아는 것이 아니라 얼마나 실행으로 옮기느냐 하는 것이다.

그리고 그 방법을 실행에 옮기는 단계는 모든 사람이 다 다르다. 평소에 좋은 습관을 많이 가지고 긍정적으로 사고하며 큰 꿈을 그리고 있는 사람이라면 조금만 더 노력해도 좋은 결실을 얻을 수 있다. 그러나 바꾸어야 할 게 많은 사람일수록 길고 고통스러운 시간들을 보내야만 한다.

문제는 이 과정에서 모두가 똑같은 방법을 따를 필요가 없다는 것이다. 자신에게 꼭 필요한 부분들만 따르면 되는 것이다. 축구선수가 자기계발을 위해 야구연습을 한다고 생각해보자. 중국어권 전담직원이 자기계발을 위해 프랑스어를 공부한다고 생각해보자. 물론 그 자체는 매우 훌륭한 자기계발이다. 하지만 모든 일에는 우선순위가 있듯이 자기계발에도 우선순위가 있고 선택과 집중이 필요하다.

어떤 것에 우선순위를 둘 것인지, 어떤 것에 선택과 집중을 할 것인지는 본인만이 알 수 있다. 불안한 마음에 무작정 남들을 따라 할 것이라면 차라리 쉬는 게 낫다. 자신에게 지금 당장 필요한 것이 무엇인지, 장기적으로 봤을 때 꼭 필요한 것이 무엇인지 판단해야 한다. 그리고 그렇게 하기 위해서는 반드시 자기 자신과 주변을 돌아보고 분석하고 판단하는 시간이 필요하다.

이 시간만 충분히 거친다면 수백 권의 자기계발 도서를 읽는 것보다 훨씬 더 진화되어 있는 자신을 발견할 수 있을 것이다.

인생의 멘토를 찾아라

미국 미시건 주에 있는 성 요셉 고아원. 그 고아원에는 사사건건 문제를 일으키는 말썽꾸러기가 있었다. 원생들은 걸핏하면 싸움을 일삼는 그 아이를 모두 피했다. 그러나 베라다 선생님만은 인내심을 가지고 끊임없이 그를 격려하고 다독였다.

"토머스, 너는 장차 큰 사람이 될 거야. 큰 꿈을 가지거라."

하지만 선생님의 노력에도 불구하고 결국 토머스는 퇴학을 당하고 말았다.

토머스는 학교를 그만 둔 후 피자가게에 취직해서 성실하게 일했다. 피자 만드는 일에 재미를 붙인 그는 열심히 노력한 덕분에 누구보다도 빠르게 피자를 반죽하는 기술을 갖게 되었다. 그리고 누구도 흉내 낼 수 없는 최고의 맛을 가진 피자를 만들겠다는 꿈을 꾸게 되었다. 꿈이 생긴 토머스는 더 열심히 일하며 하나하나 작은 목표들을 이루어가기 시작했다.

그는 열심히 돈을 모아 작은 피자가게를 차렸다. 피자가 맛있다는 소문이 나기 시작하면서 점점 더 번창하게 되었고, 수많은 기회들이 그에게 다가왔다. 그리고 마침내 그는 미국에서 두 번째로 큰 피자 체인인 도미노 피자의 신화를 이루게 되었다.

분명 기회는 토머스처럼 꿈을 가지고 목표를 향해 노력하는 사람 각자에게 맞는 모습으로 다가온다. 하지만 토머스가 꿈을 가지고 노력한 것이 순전히 자신만의 노력 때문만은 아니다. 바로 베라다 선생님 같은 인생의 멘토가 될 수 있는 스승이 있었기 때문이다.

세 사람이 길을 가면 그 중에 반드시 스승이 있다는 말이 있다. 누구에게라도 배울 점이 있다는 말이다. 이 말은 자기 자신 또한 누군가의 스승이 될 수도 있다는 말이기도 하다.

성공하고자 하는 사람에게는 모든 성공한 사람들이 다 스승이다. 처세의 스승이기도 하고, 대화법의 스승이기도 하고, 전문분야의 스승이기도 하다. 그들은 그들의 뒤를 따라가는 사람들에게는 안내판과 같은 역할을 한다. 그들을 보면 가지 말아야 할 길을 알 수 있고 꼭 가야 할 길을 알 수 있다.

하지만 손가락으로 우리가 가야 할 방향을 알려주는 존재이지 우리와 같은 길을 가지도 우리와 함께 땀 흘리지도 않는다. 우리가 가고자 하는 성공의 길은 우리의 발로 딛고 걸어야 하고 우리의 손으로 장애물을 치우며 가야 한다. 그래서 성공으로 향하는 길은 필연적으로 외로운 길이다.

멘토는 어떤 길이 올바른 길인지 알려주는 사람이고, 갈림길이 나타났을 때 어떤 선택이 현명한지 알려주는 사람이고, 무엇보다도 어떤 게 진짜 기회인지 가르쳐 주는 사람이다. 어쩌면 세상 사는 사람들은 누구나 각자의 가보지 않은 길을 가고 있는지도 모른다. 그래서 삶은 항상 불안하고 두려운 것인지도 모른다. 그럴 때 멘토는 칠흑 같은 어둠을 밝혀주는 등불과 같은 역할을 해주는 것이다. 어둠 속에서 길을 세세하게 알려주진 않지만 그래도 자신의 빛으로 길을 볼 수 있게 해주는 것만으로도 그들은 충분히 존경받을 만하다.

인생에 있어서 멘토가 있다는 것은 대단한 행운이 아닐 수 없다. 하지만 멘토와의 만남이 행운에만 달린 것은 아니다. 멘토를 받는 방식은 여러 가지다. 책을 통해서일 수도 있고 인터넷을 통해서일 수도 있고 강의를 통해서일 수도 있다. 어떠한 방식이든지 자신의 인생에 멘토가 될 사람을 찾으면 멘토를 따라 우리는 점점 성장할 것이다.

그리고 그들이 전해주는 격려의 말 한 마디는 모든 사람들의 칭찬과 비난을 더한 것보다 더 소중할 것이다. 좋은 멘토가 좋은 기회를 만들어 주지는 않지만 좋은 기회가 왔을 때는 누구보다도 자신의 멘토가 큰 힘이 될 것이다.

운명이 만든 한계를 뛰어넘는
의지가 기회를 만든다

술주정꾼 아버지 밑에서 자란 두 형제 가운데 한 아들은 아버지처럼 술주정꾼이 되고, 다른 아들은 아버지와 정반대로 성자가 되었다.

먼저 술주정꾼이 된 아들에게 물었다.

"왜 술주정꾼이 되었습니까?"

그가 대답했다.

"그럴 수밖에 없지 않습니까?"

성자가 된 아들에게 물었다.

"당신의 아버지는 술주정꾼인데 당신은 어떻게 성자가 되었습니까?"

그가 대답했다.

"그럴 수밖에 없지 않습니까?"

태어날 때 우리의 환경은 우연히 주어지는 것이지 우리가 선택한 것이 아니다. 재벌가의 아이로 태어나고 싶다고 선택한 것도 아니고, 가난한 집에 태어나길 바랐던 것도 아니다. 이 우연은 세상에 존재하는 모든 사람들에게 운명이라는 한계상황을 만들어놓았다.

하지만 운명이 할 수 있는 일은 딱 거기까지다. 운명은 우리의 환경은 좌지우지할 수 있지만 우리의 의지까지 마음대로 하지는 못한다. 즉, 우리의 의지는 운명보다 강한 것이고 그 의지로 운명이 만들어놓는 한계를 뛰어넘을 수 있는 것이다.

주어진 운명 속에서 어떻게 살 것인지는 100퍼센트 자신의 의지에 달려있다. 주어진 운명의 한계에 순응하고 살 것인지, 운명의 벽을 부수고 나갈 것인지는 선택하기 나름이다. 분명한 것은 강한 의지만 있다면 누구나 운명의 굴레를 벗어던질 수 있다는 것이다.

성공했다는 많은 사람들의 글을 보면 그들 대부분이 어려운 환경에서 태어났다는 것을 알 수 있다. 그들은 그 어려운 환경에서도 꿈을 꾸었고 그 꿈을 이루기 위해 모든 것을 걸고 노력했던 사람들이다. 그리고 타고난 환경 속의 자신과 자신이 되고 싶은 미래의 모습 사이에서 선택을 하고 스스로 자신의 운명을 바꿀 기회를 만들어냈던 사람들이다.

또한 그들은 기어코 성공하고 말겠다는 강한 의지로 노력하면서 기회가 왔을 때는 꿈을 이루겠다는 소망 하나를 위해 앞뒤 돌아보지 않고 질주했던 사람들이다. 그들의 각오와 의지가 그들을 성공하게 만들었고 그래서 그들은 자신의 환경을 완전히 바꿔놓았다. 이제 그들은 좋은 환경에서 살아가고 있다.

그리고 그들은 이렇게 말하고 있다.

"날 봐. 난 해냈어. 나 같은 사람도 해냈단 말이야. 왜 너희들은 못할 거라고 생각해? 자신감을 가져. 넌 해낼 수 있어. 너희들에게도 반드시 너희들의 운명을 바꿀 기회가 올 거야. 그리고 기회가 올 때까지 기다리기가 싫다면 스스로 그 기회를 만들어. 기회란 그런 것이니까."

10세-어머니 사망하다.

15세-집을 잃고 길거리로 쫓겨나다.

22세-사업에 실패하다.

24세-주 의회 선거에서 낙선하다.

25세-사업 파산하다.

26세-주 의원에 당선되다.

26세-약혼자 갑자기 사망하다.

28세-우울증으로 정신과 치료를 받다.

30세-주 의회 의장직 선거에서 패배하다.

32세-정부통령 선거위원 출마 패배하다.

35세-하원의원 선거에서 낙선하다.

36세-하원의원 공천에 탈락하다.

38세-하원의원에 당선되다.

40세-하원의원 재선거에서 낙선하다.

42세-둘째 아들 사망(5세)하다.

47세-상원의원 선거에서 낙선하다.

48세-부통령 후보 지명전에서 낙선하다.

50세-상원의원에 출마했으나 낙선하다.

52세-미국 16대 대통령에 당선되다.

모두가 잘 아는 에이브러햄 링컨의 개략적인 연표다. 링컨의 일생은 거의 실패의 연대기라고도 할 수도 있을 것 같다. 그러나 반대로 보면 도전의 연대기라고도 볼 수 있겠다. 도전하지 않으면 실패할 일이 없다. 도전하지 않으면 좌절할 일도 없다. 도전하지 않으면 힘든 노력 따위 하지 않아도 된다. 하지만 일단 도전을 시작하면 반드시 실패를 겪게 된다. 좌절의 시간을 보내게 될 때도 있다. 몸과 마음과 머리가 모두 바쁘고 힘들다.

링컨은 이런 말을 했다고 한다.

"나는 천천히 걸어가는 사람이다. 그러나 뒤로는 가지 않는다."

사람들은 예외 없이 모두 운명적으로 한계를 가지고 태어난다. 그 한계를 벗어나고 싶다면, 운명의 고리를 끊고 새로운 운명을 만들어 가길 바란다면, 도전하고 도전하고 또 도전해야 한다. 타고난 운명의 노예가 아니라 새로운 운명의 주인이 되길 꿈꾸는 사람은 그 끝없는 도전 속에서 수없이 많은 기회와 선택을 통해 성공과 실패를 거듭하면서 꿈과 가까워져 가는 것이다.

발상을 전환해야 기회가 보인다

　물에 뜨는 비누로 잘 알려진 아이보리 비누가 있다. 가볍기도 하고 세척력도 뛰어난 이 비누는 사실 실패에서 얻은 제품이다.

　미국의 어느 비누공장에서 있었던 일이다. 제조과정 중에 있는 비누를 끓이다가 점심식사 시간이 되었는데 그만 직공이 스위치를 내리는 것을 잊고 말았다. 식사 후에 돌아와 보니 공장 안은 온통 비누 거품으로 가득 차 있었다. 너무 끓여서 못 쓰게 된 비누를 보며 공장 사람들은 망연자실할 수밖에 없었다. 그냥 버리기에는 재료가 너무 아까웠다.

　그래서 뭔가 방법이 없을까 고민하다가 거품을 눌러 비누로 만들어

보았다. 그랬더니 가벼워서 물에 뜰 뿐만 아니라 세척력도 다른 비누에 비해 훨씬 우수했다. 곧 상품화해서 판매를 하자 소비자들로부터 반응이 좋아 폭발적으로 팔려나갔다. 이 비누회사가 지금의 프록트 앤 갬블이라는 대기업으로 성장했다.

베이클라이트(합성수지로 만든 성형제의 상표)도 실패에서 얻어진 제품이다. 베이클랜드는 장뇌의 대용품을 만들기 위해 석탄산과 의산, 염산 등을 혼합해 가열하는 실험을 진행 중이었다. 그런데 어느 날 이 혼합물이 식어 단단한 덩어리가 되어버렸다. 이 덩어리를 없애기 위해 여러 가지 약품을 사용해 보았지만 도저히 녹일 수가 없었다. 그러자 조수가 힘없는 목소리로 말했다.

"녹일 수도 없고 깨지지도 않고 전기도 통하지 않으니 이걸 어쩌죠?"

그때 베이클랜드의 머릿속에 좋은 생각이 떠올랐다.

'굳어지지 않은 상태에서 틀에 넣고 굳히면 깨지지도 않고 녹지도 않고 전기도 통하지 않으니 쇠파이프나 판자 대용으로, 또 전기절연물의 좋은 재료로 쓸 수 있지 않을까?'

그의 생각은 적중했고 베이클라이트라는 역사적인 발명품이 만들어졌다.

미국의 발명가 시러스 H. 맥코믹은 농작물을 수확하는 콤바인을 발명한 사람이다.

그의 아버지도 곡물수확기를 만들기 위해 오랫동안 연구를 했지만 꿈을 이루지는 못했다. 맥코믹은 아버지가 못 이룬 꿈을 반드시 이루어보이겠다고 스스로 다짐했다. 하지만 좀처럼 아이디어는 떠오르지 않고 시간만 흐르고 있었다.

그러던 어느 날 맥코믹은 이발소에서 이발을 하고 있었는데, 이발사가 바리캉을 갖다 대고 머리를 깎기 시작했다. 바리캉이 째깍거리는 소리를 듣던 맥코믹은 '아 바로 이것이다!' 하고 무릎을 쳤다. 바리캉의 원리를 이용하면 곡물수확기를 만들 수 있을 것이라고 생각했던 것이다. 이발소에서 돌아오자마자 맥코믹은 연구를 하기 시작했고, 맥코믹이 발명한 곡물수확기는 농업생산에 혁신을 가져왔다.

청진기를 발명한 레네크라는 의사는 오래 전부터 '인체 내의 상태를 알 수 있는 방법이 없을까?' 하고 궁리를 하고 있었다.

그가 어느 날 공원에 나가 산책을 하고 있는데, 한 아이가 통나무 한쪽 끝을 돌로 딱딱 두드리면 다른 아이는 반대 쪽 끝에 귀를 갖다 대고 듣는 놀이를 하고 있었다. 그 모습을 무심코 바라보던 레네크는 문득 한 아이디어를 떠올리게 되었다.

아이들이 하던 놀이와 같은 원리로 인체 속의 소리를 들을 수 있는 기계를 만들면 되겠다는 생각을 했던 것이다. 결국 이 아이디어로 그는 청진기를 발명할 수 있었다.

실패이기도 하고 성공이기도 한 발명품의 이야기는 많다. 이 발명품들의 공통점은 실패의 순간에 누군가에 의해 새로운 쓰임새로 재탄생되었다는 점이다. 만일 누군가가 그런 발상의 전환을 하지 않았다면 이 특이하고 새로운 발명품들은 만들어지지 않았을 것이다.

실패했다고 생각되는 그 지점을 새로운 기회로 만드는 힘은 발상의 전환에 있다. 고정관념에 사로잡혀 같은 방법으로 계속 두드리면 문은 열리지 않는다. 문을 열기 위해서는 생각을 바꾸어야 하는 것이다. 발상의 전환을 위해서는 유연한 사고가 필요하다.

발명품은 필요과 궁리에 의해서 만들어진다. 그리고 창조적인 아이디어는 끊임없이 사색하고 고민하는 데서 나온다.

창의적인 사람은 생각이 자유로운 사람이다. 상상력에 한계가 없으며, 터부시되는 것들과도 쉽게 친구가 된다. 다른 사람들의 창의적인 생각을 존중하고 그로부터 배운다. 스스로 생각의 굴레를 벗어던지고 무한상상의 세계로 향한다.

궁핍한 상상력은 고정관념에 사로잡히고 사고에 유연성이 없는 사람들의 특징이다. 모르는 것을 상상하는 것을 불가능하다고 한다. 상상에는 자료가 필요하다. 고금을 넘나들고 동서를 꿰뚫는 지식이 필요하진 않더라도 상식과 지혜의 폭을 넓히는 것만으로도 상상력은 크게 확장된다.

발명은 발명가들이 하는 시대는 지나간 시대다. 누구나 자신의 필요에 의해 발명을 하고 기존의 발명품들을 개선하는 시대에 살고 있다. 창의력은 이 시대에 가장 필요한 미덕이 되었다.

발상의 전환과 창의력이야말로 지금의 시대에서는 무엇보다도 많은 기회를 제공해주는 기회의 보고라고 할 수 있다. 하나의 아이디어가 떠올랐다는 것은 하나의 기회가 왔다는 것이고 이 기회를 잡으면 더 많은 아이디어를 현실화시킬 수 있다. 기회의 보물창고는 바로 우리들의 머릿속에 있는 것이다.

내면의 소리에 귀를 기울여야
삶의 목적이 나온다

아들이 아끼던 시계를 잃어버리고 어쩔 줄을 몰라 했다. 가게에서
일하던 하버지가 자상한 목소리로 물었다.

"어디서 잃어버렸니?"

"가게 안에서 잃어버렸어요."

"잘 찾아봤니?"

"예. 잘 찾아봤어요."

아들은 울상이 되어 금방이라도 울음을 터뜨릴 기세였다. 아버지는
아들을 타일렀다.

"걱정 말거라. 아버지가 꼭 찾아주마."

그런데 아버지는 시계를 찾지는 않고 가게 안에서 소리 나는 물건들을 찾아 모두 정지시켜 놓는 것이었다. 아버지가 눈만 깜박거리고 있는 아들에게 말했다.

"이제 조용히 귀를 기울여 보거라."

그러자 정말 째깍거리는 작은 소리가 들렸다. 시계는 진열된 물건들 사이에 숨어 있다.

때로는 내면의 소리에 귀를 기울이는 시간이 필요하다. 지금 나는 어디로 가려고 하는지 무엇을 하려고 하는지 스스로에게 묻는 시간이다. 진정한 행복은 마음으로 느껴지는 행복이다. 모두가 가려고 하고 가지려고 하는 그것이 내게도 정말 필요한 것인지는 본인만이 알 수 있다.

식사시간이 되면 맛집이라고 알려진 음식점 앞에 길게 줄을 선 사람들을 볼 수 있다. 사람들의 입소문이나 각종 홍보로 알려진 이런 맛집은 사실 셀 수 없을 정도로 많다. 오히려 맛집이 아닌 집을 찾기가 더 어려울지도 모르겠다.

텔레비전에는 수많은 광고가 등장한다. 광고시간이 아닌 정규 프로그램도 그 자체로 하나의 홍보수단이 된 지 오래다. 어떤 의사가 출연해 이것이 암에 좋아요 하고 말하면 뒷날 바로 동이 난다. 서점에서도 베스트셀러라고 홍보되는 책들만 팔린다.

광고의 홍수 속에서 우리는 '남과 다르게'가 아니라 '남과 같게'로 변화하는 것 같다. 무리로부터 떨어지는 불안감 때문인지, 남과 다른 길로 나서는 것을 극도로 피하려는 현상이 커진 것은 분명한 것 같다. 나 자신이 진정으로 원하는 것이 무엇인지 고민하지 않고 남과 같이 걷는 길은 안전할지는 몰라도 편안하지는 않다.

그 불편함을 회피하지 말고 끊임없이 내면의 소리에 귀를 기울여라. 여기에서 진정한 삶의 목적이 나온다. 그리고 진정한 목적을 가져야만 목적을 달성할 수 있는 기회가 보일 것이다.

바꾸어야 하는 것은 생각 자체가
아니라 생각의 방식이다

　두 사람이 길을 가고 있었다. 그들이 가야 할 길은 멀고도 아득했다. 목적지까지 가려면 높은 산을 넘고 넓은 바다를 건너야 했다.
　한 친구가 말했다.
　"갈 길이 아직 멀지만 그래도 하늘을 보면서 가면 더 빨리 목적지에 닿을 수 있다네."
　그러자 다른 친구가 말했다.
　"어허 무슨 소리. 길을 갈 때는 당연히 땅을 보고 가야지."
　그러자 다른 친구가 화를 내며 말했다.
　"하늘을 보면서 가야 방향을 알 수 있지. 나는 하늘을 보고 가겠

네."

그러자 다른 친구도 화를 내면서 말했다.

"마음대로 하게. 나는 땅을 보면서 가겠네."

이렇게 두 친구는 자신들의 생각만 주장하다 서로 갈라져서 가게 되었다.

이 이야기의 두 친구는 생각의 감옥에 갇혀 있는 고정관념의 노예나 다름없다. 고정관념을 타파하자는 이야기를 많이 한다. 혹은 관성을 타파하자는 말도 있다. 자신만의 생각의 감옥에 갇혀서 다른 사람들의 생각을 거부하는 사람은 더 발전할 수 있는 여지가 없는 사람이다.

지금의 사회는 하루가 다르게 아니 매 시간마다 달라질 정도로 변화의 폭이 크다. 이렇게 빠르게 변하는 세상에 끌려 다니지 않으려면 사고의 유연성이 필요하다. 잘 모르는 것들에 대해서는 아는 누군가로부터 재빠르게 정보를 얻어야 한다. 또한 자신이 알게 된 최근 정보들을 거의 실시간으로 동료들에게 제공해야 한다.

그런데 고정관념에 사로잡히게 되면 새로운 정보들을 판단하는 능력이 떨어지게 된다. 그래서 하나의 정보를 소화할 때쯤 되면 이미 그 정보는 새로움이라는 가치가 없는 정보가 되어버린다. 그 어느 때보다도 사고의 유연성, 자유로운 발상이 필요한 시대에 살고 있다.

혁신적인 사고는 더 빠르고 더 많은 성공의 기회를 제공한다. 아주 작은 부분에서부터 지금까지와는 다르게 바라보기, 다른 사람의 생각 대로 일단 따라해 보기 등 조금만 노력하면 고정관념으로부터 서서히 빠져나올 수 있다. 생각의 폭이 커질수록 더 많은 기회를 볼 수 있고 더 정확한 선택을 할 수 있다.

그러나 자신만의 원칙은 언제나 심장 한가운데 무겁게 가지고 있어야 한다. 그리고 어떠한 순간에도 흔들리지 않아야 한다. 바꾸려고 하는 것은 생각의 방법이지 자신의 생각 자체가 아니기 때문이다.

게임의 룰을 지켜야 기회가 온다

어떤 스승이 제자를 두 명 두었는데 스승은 나이가 들어 다리를 앓고 있었다. 스승은 제자들에게 각자 다리를 하나씩 맡아서 주무르도록 했다.

그러나 두 제자는 사이가 나빠서 서로 싸우고 미워하며 질투하는 사이였다. 한 제자가 이 기회에 다른 제자를 없애려고 마음먹었다. 그리하여 오른쪽 다리를 주무르던 제자가 스승의 왼쪽 다리를 돌로 내리쳐 다리를 부러뜨렸다. 왼쪽 다리를 주무르던 제자에게 책임을 묻게 하려는 생각이었다. 그러자 왼쪽 다리를 주무르던 제자도 벌떡 일어나 스승의 오른쪽 다리를 돌로 내리쳤다. 결국 스승의 다리는 양쪽 다 부러지고 말았고, 제자들은 더 이상 스승으로부터 아무것도 배울 수 없었다.

성공에 이르는 길은 경쟁의 길이다. 언제나 경쟁상대가 있고 그 상대들에게 승리함으로써 조금씩 전진하는 것이다. 이 경쟁은 공정하게 이루어져야만 한다. 그래야 실패한 사람도 인정을 하고 승자도 당당하게 다음 목표를 향해 도전할 수 있는 것이다.

그런데 어떤 사람들은 이 게임의 규칙 자체를 파괴하기도 한다. 그리고 이들은 승리의 기쁨만 만끽하는 게 아니라 패배한 사람을 아예 일어서지 못하게 만들어 놓으려고 한다. 이들은 자신이 강하다는 것을 이렇게 표출한다.

자신의 성공을 위해 남의 꿈을 짓밟는 이런 행동은 결국 자신에게 돌아온다. 왜냐하면 이런 사람이 참여하는 게임에서 룰을 지키지 않는 사람에 대한 상대방의 가장 합리적인 대응전략은 이에는 이, 눈에는 눈이라는 전략이기 때문이다. 그 결과 모든 사람이 룰을 지키지 않고 상대를 공격하게 되어 어리석은 제자들처럼 누구도 아무런 기회를 잡을 수 없게 되기 때문이다. 따라서 룰을 지키는 것은 상대방에 대한 배려 차원에서만이 아니라 나 자신을 위해서도 반드시 필요한 것이다.

2. 누가 기회를 잡는가?

어떤 사람은 오늘 하루도 돈을 벌기 위해 정말 하기 싫은 일을 꾸역 꾸역 하고 있다. 또 어떤 사람은 하고 싶은 일을 하기 위해 경제적인 어려움을 감수하고 있다. 둘 중 그나마 어떤 삶이 더 나은지는 누구도 알 수 없겠지만 분명 조화로운 삶은 아닐 것이다. 물론 생계를 위한 돈벌이와 좋아하는 일을 두 가지를 다 할 수 있으면 좋겠지만 보통의 사람들 사이에서는 그리 흔한 일이 아니다. 그럼 어떻게 할 것인가?

현재의 상황을 당장 개선할 방법은 없을 것이다. 그게 가능하다면 이미 그렇게 하고 있을 테니까. 하지만 이런 상황을 조금이라도 개선하고 싶다면 삶에 변화를 줄 기회를 만들어야 한다. 좋아하는 일을 할 수 있는 직장을 원한다면 필요한 정보를 모으고 준비를 해서 이직의 기회를 만들어야 한다. 더 많은 돈이 필요하다면 몸값을 올릴 수 있는 방법을 찾아야 하고, 좋아하는 일을 하고 싶다는 욕심과 적정선에서 타협해야 한다. 이것 또한 하나의 기회이고 선택이다. 누구도 대신 해줄 수 없는 고독한 결단을 내려야만 하는 것이다.

더 행복하고 더 성공적인 삶을 원한다면, 스스로 변화시킬 수 없는 것들에 대해서는 인정하는 법을 배워야 한다. 변화시킬 수 없는 것을 붙들고 있는 동안에는 조금도 앞으로 나갈 수 없기 때문이다. 아니 오히려 다른 사람들보다 뒤쳐지게 된다.

그럴 때는 오히려 스스로 변화시킬 수 있는 것을 바꾸기 위해 시간과 열정을 집중적으로 투자하는 게 낫다. 다른 사람들이 변화시킬 수 없는 것들에 대해 불평하고 스트레스 받고 있는 시간이 자신에게는 변화의 즐거움을 누리는 시간이 될 것이다. 그러면 반드시 기회는 만들어진다.

우리의 주위에는 우리의 힘으로는 결코 바꿀 수 없는 일들이 항상 있기 마련이다. 이를 있는 그대로 인정한 다음에야 비로소 새로운 기회를 볼 수 있는 눈이 생긴다. 현재를 있는 그대로 바라보고, 변화시킬 수 있는 것과 그럴 수 없는 것을 분별하고 그 변화를 위해 노력하는 것이야말로 최고의 성공비결이다.

즐거운 일을 선택한 사람이
기회를 잡는다

    세계에서 가장 부자이면서 최대의 자선가인 컴퓨터 천재 빌 게이츠와 투자의 귀재 워렌 버핏이 함께 한 워싱턴 대학교의 특별 대담에서 '어떻게 하면 성공할 수 있는가?' 라는 질문을 받았다. 그들은 이렇게 대답했다.

    빌 게이츠는 매일 하는 일을 즐길 수 있다는 게 중요하다고 말하면서 흥미로운 분야에서 일을 해야 의욕도 생기고 효율도 높일 수 있어 성공할 수 있다고 말했다. 빌 게이츠는 자신이 하는 일에서 즐거움과 보람을 느끼며 누구보다도 자신의 일을 사랑하는 사람이었다.

    워렌 버핏은 성공하기를 바란다면 무엇보다도 자기가 좋아하는 일을 선택하라고 말했다. 그러면 성공은 자연히 따라오게 된다는 것이다. 그리고 직장을 구하려거든 자기가 존경하는 사람이 일하는 곳을 택하라고 조언했다. 그래야만 배우는 것이 많고 삶이 행복해질 수 있다고 했다. 워렌 버핏은 일 자체에서 즐거움과 보람을 찾을 수 있다고 이야기한 것이다.

에디슨은 하루 18시간 이상을 연구소에서 일했지만 그에게는 일이 하나의 놀이였다고 다음과 같이 말하고 있다.

"나는 일생 동안 하루도 일한 적이 없다. 그것은 모두가 즐거운 장난이었다."

세 사람 모두 대단한 부와 명예를 얻은, 성공의 대표적인 인물들이다. 그들이 입을 모아 한 목소리로 말하고 있는 것은 자기가 좋아하는 일을 선택하고, 그 일을 즐기라는 것이다. 그러면 성공은 자연스럽게 뒤따라오게 되어 있다고 말한다.

러시아의 극작가이며 사회활동가인 막심 고리끼는 '일이 즐거우면 인생은 낙원이다. 일이 의무라면 인생은 지옥일 수밖에 없다.'고 말하고 있다. 위의 세 사람과 같은 이야기를 하고 있다는 것이다.

인생에서 직업처럼 중요한 것은 없다. 우리는 가장 원초적인 의식주와 궁극적인 목적인 자아실현을 이루는 것까지 모두 직업을 통해 이루기 때문이다.

직장생활은 가정생활과 함께 직장인들의 인생의 대부분을 차지하고 있다. 그래서 직장생활이 원만하면 가정생활도 원만하고 가정생활이 원만하면 직장생활도 잘 유지된다. 다시 말해 직장생활을 잘하고 싶으면 가정생활에 충실해야 하고, 가정생활을 잘 하고 싶으면 직장생활에 충실해야 한다는 이야기다.

성공이란 가정생활과 직장생활 모두가 잘 유지될 때 꿈꿀 수 있는 것이다.

즐거운 일을 선택할 수 없다면
지금 하는 일에서 즐거움을 찾아라

어떤 나라에 아주 크고 훌륭한 정원이 있었다. 세상에 존재하는 온 갖 아름답고 고귀한 식물들은 다 심어놓은 멋진 정원이었다. 민들레도 그 정원에서 자라고 있었다. 이 정원에 심어진 다른 식물들과 비교하 자면 정말 보잘 것 없는 모양을 하고 있었지만 이 민들레는 뭐가 그렇 게 좋은지 항상 행복한 표정을 짓고 있었다.

그런데 어느 날부터인가 정원에 큰 변화가 생겼다. 정원에 있는 꽃 과 나무들이 모두 시름시름 말라 죽어가고 있었던 것이다.

깜짝 놀란 정원사가 먼저 키가 짤막한 참나무에게 왜 죽어가고 있 느냐고 물었다. 그랬더니 참나무가 전나무처럼 키도 늘씬하지 못한데 살아서 무엇 하겠느냐고 대답했다. 그래서 키가 큰 전나무를 찾아가 넌 왜 죽어가고 있느냐고 물었더니 포도나무처럼 좋은 열매도 맺지 못할 바에야 차라리 죽는 게 낫다고 대답했다. 이번에는 포도나무를 찾아가 죽어가는 이유를 물었다. 그랬더니 포도나무는 장미처럼 아름다운 꽃을 피울 수 없을 바에야 차라리 죽는 게 낫다고 이야기했다.

그렇게 정원의 식물들에게 왜 죽어가냐고 물어보고 다니던 정원사의 눈에 싱싱하게 꽃을 피우며 행복해 보이는 민들레가 보였다.

궁금해진 정원사가 민들레에게 그 이유를 물었다. 그러자 민들레가 정원사에게 이렇게 대답했다.

"저는 이 세상에 단 하나밖에 없는 귀한 존재랍니다. 그리고 저는 제 자신을 사랑한답니다. 이 정원도 사랑하고 있고요. 그래서 그냥 제가 할 수 있는 일에만 최선을 다하고 있을 뿐이랍니다."

지나다니는 사람들에게 공짜로 만 원을 주면 모두들 좋아한다. 그런데 한 사람에게만 2만 원을 주면 나머지 모든 사람들이 화를 낸다.

자신에게 온 행운에 감사하는 마음은 모두 같다. 그러나 다른 사람에게 더 큰 행운이 가면 그 사람과 비교하며 자기에게 온 행운마저도 불행으로 바꾸어버린다.

부러움은 그냥 부러움으로 끝나야 한다. 부러움이 질투로 바뀌는 순간 자신의 삶만 더 비참해질 뿐이다. 작은 행복도 행복이고 큰 행복도 행복이다. 그 순간의 행복을 즐길 수 없으면 더 큰 행복에도 즐거워

할 수 없다.

　눈을 언제나 밖으로만 향하고 있으면 결코 즐거움을 얻을 수 없다. 진정한 성공을 원한다면 눈을 안으로 향하게 하는 시간이 절대적으로 필요하다. 그렇게 자신을 돌아보는 게 남들과 자신을 비교하는 것보다 즐거운 삶을 살게 한다.

　비록 자신이 아직 성공하지 못했다 하더라도 자신이 선택한 일이 즐거운 사람은 행복하다. 그리고 기회는 이렇게 자신의 삶이 행복하기 때문에 열심히 사는 사람에게 반드시 다가온다. 그러나 우리의 대부분은 가족의 생존을 위해서 자신이 즐길 수 있는 일조차 선택하지 못하고 있다. 그래서 성공도 못하고 즐거운 일도 하지 못하는 대부분의 우리들은 현실에 불평불만을 하게 된다.

　불평불만은 충분히 이해되지만 잠시만 허용될 뿐이다. 여기에 머물러 있으면 정원에 있던 꽃과 나무들처럼 자신의 가능성을 매장시키고 시들시들한 인생을 살게 되기 때문이다. 주어진 현실이 불만스럽지만 그 속에서도 자신의 가능성을 찾으려 하는 사람은 민들레처럼 비록 현실에서의 자신의 일이 자신의 꿈과 동떨어져 있더라도 불평만 하지 않고 자신의 가능성을 찾는 노력을 게을리 하지 않는다. 그리고 그 과정에서 꿈에 가까워지는 자신의 성장이라는 새로운 즐거움을 얻는다.

　그리고 이 즐거움은 빌 게이츠나 워렌 버핏처럼 자신에게 즐거운 일을 선택한 사람과 비교했을 때도 꿈에 가까워지고 있는 자신이라는 측면에서는 본질적으로 다르지 않다. 따라서 비록 조금 돌아갈지라도 쉬지 않고 꿈에 접근하고 있기 때문에 반드시 기회를 잡게 된다.

불가능한 것을 포기하는 것도
기회를 위한 또 하나의 선택이다

아프리카 원주민들이 원숭이를 사냥하는 방법 중 재미있는 게 있다. 원주민들은 원숭이들이 다니는 길목의 나뭇가지에 열매를 넣은 조롱박을 매달아 놓는다. 그 조롱박에는 원숭이의 손이 겨우 들어갈 만한 작은 구멍이 뚫려 있다.

원숭이는 조롱박 안에 맛있는 열매가 들어있다는 것을 확인하고 손을 집어넣는다. 그리고 한 움큼 열매를 움켜쥐고 손을 빼낸다. 하지만 조롱박의 구멍이 너무 작아서 주먹을 쥔 채로는 손을 빼낼 수가 없다.

사냥꾼이 오면 열매를 잡고 있는 손을 펴서 도망을 가야 하지만 원숭이는 끝까지 열매를 놓지 않는다. 결국 원숭이는 한 손을 조롱박에 넣은 채 사냥꾼들에게 붙잡히게 된다.

욕심이 지나치면 화를 부르는 법이다. 열매를 포기하지 않는 원숭이처럼 우리도 가끔은 그런 실수를 저지르곤 한다. 눈앞의 작은 이익을 얻기 위해 더 큰 것을 잃게 되는 것이다. 그래서 가끔은 포기할 줄 아는 지혜와 기술이 필요하다. 물론 여기서 말하는 포기는 모든 것을 버린다는 의미는 아니다.

포기도 하나의 선택이 될 수 있다. 불가능한 목표에 매달려 시간과 에너지를 낭비하는 것은 현명한 일이 아니다. 불가능하다는 판단이 서면 과감하게 포기하고 목표를 수정해야 한다. 이것은 방향을 바꾸고 방식을 바꾸는 것이지 목표 자체를 없앤다는 뜻은 아니다. 방법을 바꾸어 다시 도전하는 것이다.

효과가 없는데도 계속 같은 방법을 고집하는 것은 의지가 강한 게 아니라 아집을 부리는 것이다. 이 쓸데없는 아집은 성공을 향해 가는 길에 걸림돌이 된다. 아집은 영혼을 황폐하게 만들고 주변 사람들을 고통스럽게 할 뿐이다.

성공으로 가는 길은 외길이 아니라는 것을 현명한 사람들은 알고 있다. 그래서 주위의 상황에 따라 수시로 목표를 수정하거나 재설정한다. 얼핏 쉬운 일처럼 보이지만 이것은 사고의 유연함이 있어야 가능한 일이다. 유연한 사고는 언제 어디서 어떤 돌발상황이 생겨도 침착하고 여유롭게 대처할 수 있도록 도와준다.

눈앞의 먹이에만 집착하는 원숭이처럼 눈앞의 이익에만 매달려 있는 사람들은 정작 더 큰 것을 잃게 될 수도 있다. 상황에 따라 목표를 과감하게 포기할 수 있는 유연성은 큰 꿈을 그리는 사람들에게 반드시 필요한 덕목이라고 할 수 있을 것이다.

소탐대실하지 않는 지혜로움은 사고의 유연성에서 나온다는 것을 꼭 기억해두자.

그들은 어떻게 백만장자가 되었을까?

　　미국의 작가인 토머스 스탠리는 백만장자 1,000명을 인터뷰해서 『백만장자의 정신』이라는 도서를 펴냈다. 그의 조사에 따르면 백만장자는 자신들의 적성과 능력에 맞는 직업이나 사업을 선택한 사람들이며, 뛰어난 수재는 아니어도 창조적이고 허영심이 없으며, 목표가 생기면 치밀하게 계산한 뒤 성공할 때까지 밀어붙인 사람들이었다.

　　미국의 백만장자들을 연구한 또 다른 성공학자의 연구보고서가 제시한 백만장자들의 공통점은 다음과 같았다.
　　첫째, 독립심이 강한 사람들이었다. 이들의 80%는 노동자 계층이

나 중산층의 자녀들로 부모의 유산을 물려받지 않고 자수성가한 사람들이었다. 월마트는 백화점의 잡화상에서 억만장자가 되었고, 유명 전기기구 메이커인 더브르는 구두 수선을 하는 아버지의 가게 2층 구석방에서 일하던 전기기구 수선공이었다.

둘째, 남달리 부지런한 사람들이었다. 이들은 평균 10~12시간 이상을 일했고, 백만장자가 되는 데 제일 빨리 걸린 시간이 30년이었다. 백만장자들 중 90%는 60대가 되어서야 백만장자의 반열에 오를 수 있었다.

셋째, 검소하고 낭비 없는 생활을 한 사람들이었다. 이들 중 부를 과시하기 위해 낭비를 하는 사람은 없었다. 롤렉스 같은 고급 시계를 차고 있는 사람도 없었다고 한다.

넷째, 학력과는 아무 관계가 없었다. 이들 중 15%는 고등학교 이하의 학력이었다. 교육 정도와 백만장자가 되는 것과는 특별한 연관관계가 없었다.

다섯째, 매우 가정적인 사람들이었다. 이들은 부자들임에도 가정생활이 매우 건전했다. 대부분 이혼을 하지 않았고, 아내는 집 밖의 일에 간섭하지 않는다는 공통점이 있었다.

이외에도 자식에게 유산을 물려주겠다는 사람이 5%에 불과했고, 노년을 소박하게 보내고 싶어 하는 공통점이 있었다.

의외로 보통의 우리들과 다른 점이 없어 보인다. 그런데 한 가지 분명한 것은 이들의 공통점을 잘 살펴보면 기본에 충실하고 원칙을 철저하게 지키는 사람들이었다는 점이다.

내실을 다지면서 성실하게 앞만 보며 뚜벅뚜벅 걸어가다 보면 기회는 자연히 찾아오게 되어 있다. 아니 기회가 만들어지게 되어 있다. 그리고 이렇게 잘 준비된 사람들은 기회를 놓치는 법이 없다. 잡아야 할 기회인지 보내야 할 기회인지 잘 알기 때문이다.

지식을 올바로 사용하는 지혜가 필요하다

미켈란젤로는 열네 살 때 스승인 보톨도 지오반니를 만났다. 지오반니가 미켈란젤로에게서 천재적인 재능을 발견하는 데는 많은 시간이 필요하지 않았다. 어느 날 지오반니가 미켈란젤로에게 물었다.

"훌륭한 조각가가 되기 위해서 필요한 게 무엇이냐?"

"제가 가진 재능을 더 열심히 연마해야 한다고 생각합니다."

그러자 잠시 생각에 잠겨있던 지오반니는 미켈란젤로를 데리고 밖으로 나갔다. 그리고는 고급 술집 입구에 서 있는 아름다운 조각상을 보여주었다.

"어때, 아름답지 않느냐?"

이렇게 묻고는 다시 교회 입구에 세워진 조각상을 보여주었다.

"어떠냐, 이 조각상도 참으로 아름답지 않느냐?"

미켈란젤로가 영문을 모르겠다는 표정으로 지오반니를 바라보았다.

"두 곳에 있는 조각상은 모두 다 아름답다. 하지만 술집 앞의 조각상은 술 마시는 사람들을 위해 만들어졌고, 교회 앞의 조각상은 신의 영광을 위해 만들어졌다. 너는 어떤 이를 위해 너의 재능을 쓰겠느냐?"

어떤 사람들은 천재적인 머리로 사람들이 불편해하는 것을 해결해주는 발명을 한다. 또 어떤 사람들은 천재적인 머리로 보통 사람들의 머리로는 해결할 수 없을 것 같은 호기심을 해결해준다. 그리고 어떤 사람들은 천재적인 머리로 사람들을 속이고 괴롭히며 지배하려고 든다.

물질만능의 사회에서는 모든 것이 돈으로 치환된다. 특히 지식의 깊이와 양은 그 자체로 돈벌이의 유용한 도구가 된다. 지혜의 깊이는 잴 수 없지만 지식의 깊이와 양은 잴 수 있기 때문이다. 하지만 지식의 많고 적음, 깊고 얕음은 지혜로움과 관련이 없다.

지혜는 지식 그 자체가 아니라 지식을 올바로 사용하는 능력이다. 사람들은 지식이 많은 사람을 부러워하고 지혜가 많은 사람은 존경한다. 그래서 모든 부자들이 부러움의 대상이 될 수는 있어도 모두가 존경의 대상이 되지는 않는 것이다. 존경을 받기 위해서는 지식을 돈으로 바꾸는 기술 외에도 지식을 모든 사람을 위해 올바로 사용하는 지혜를 가지고 있어야 한다.

마지막까지 포기하지 않는
사람이 기회를 잡는다

미국 서부에서 한창 금광 붐이 일기 시작했을 때의 일이다. 전국 각지에서 금을 찾아 사람들이 개미떼처럼 몰려들었다. 그때 그 붐에 편승해 전 재산을 모아서 서부로 향했던 한 남자의 이야기가 있다.

서부로 간 그 사람은 전 재산을 들여 금광 하나를 매입했다. 그러나 아무리 열심히 땅을 파도 금맥은 나타나지 않았다. 돈은 떨어지고 생계조차 걱정해야 할 정도가 되자 그는 광산을 헐값에 팔아넘기고 술로 세월을 보내기 시작했다.

그러던 어느 날 그는 신문을 보다가 깜짝 놀랄 기사를 보게 되었다. 자신이 헐값에 팔았던 광산에서 금맥이 발견되었다는 기사였다. 기사의 내용에 따르면 새 주인이 땅을 사고 나서 1미터쯤 파고들어가자 엄청난 금맥이 발견되었다는 내용이었다. 그는 큰 부자가 되었다.

하지만 광산을 판 것을 후회해보았자 이미 돌이킬 수 없는 일이었다. 남자는 이 일을 통해 그의 일생을 바꿀 매우 중요한 교훈 하나를 얻었다.

"1미터만 더, 한 번만 더."

그는 이 말을 가슴에 품고 보험회사의 말단직원으로 새로운 인생을 시작했다. 그는 고객들이 거절할 때도 끈질기게 설득해 결국 불가능해 보이던 계약을 성사시켰다. 그리고 불과 1년 만에 그 보험회사의 세일즈왕이 되었다.

끝까지 포기하지 않는 사람이 결국은 성공한다. 성공할 때까지 계속 도전하는 사람에게는 포기가 없다. 단지 작은 실패의 과정만 있을 뿐이다.

성공하려는 사람에게는 집요하게 물고 늘어지는 근성이 필요하다. 하찮고 귀찮은 일을 즐겁게 감수하며 손해와 희생이 따르더라도 물러나지 않는 정신이 필요한 것이다.

성공이라는 게 머릿속으로 생각하는 것처럼 쉬운 일이라면, 성공이라는 게 성공과 관련된 책을 많이 읽어서 되는 것이라면, 세상에 성공하지 못한 사람은 없을 것이다.

'한 번만 더, 조금만 더'를 습관처럼 달고 다니는 사람은 다른 사람들보다 성공의 길에 한 발 더 들여놓고 있는 사람이다. 포기하고 싶은 생각이 간절할 때 보통 사람들은 발길을 멈추거나 뒷걸음질 치는 반면 이 사람들은 오히려 한 발 더 앞으로 나간다. 그리고 그 고통을 달게 마신다. 누구라도 이와 같은 의지를 가지고 있다면 성공할 수밖에 없을 것이다.

마라톤 선수들은 일정한 거리 이상을 뛰면 그 순간부터는 모든 체력이 고갈된다고 한다. 그리고 그 순간부터는 오로지 결승점만을 생각하며 정신력 하나로 몸을 통제하며 달린다고 한다. 진정한 훈련의 성과는 여기서부터 나타나는 것이다.

하지만 포기를 생각하는 순간 어느새 몸이 이를 알고 온 몸이 천 근 만 근의 무게로 두 발을 붙잡는다. 우리 모두에게는 이런 순간이 필연적으로 오게 되어 있다. 그래서 작은 일도 포기하지 않고 끝까지 집요하게 매달리는 근성을 습관으로 만들어야 하는 것이다.

항상 자기 자신과 싸워라

어느 추운 겨울 아침, 초등학생이었던 글렌은 형과 함께 교실에서 난로를 쬐고 있었다. 그런데 갑자기 석유통이 엎어지는 바람에 큰 사고가 났다. 이 사고로 형은 목숨을 잃었고 글렌은 온몸에 심한 화상을 입었다.

의사는 화상으로 심하게 손상된 다리가 제 기능을 못할 테니 절단하는 게 좋겠다고 말했다. 의사의 말을 들은 글렌은 평생 누워만 있어도 좋으니 제발 다리만은 자르지 말라고 애원했다. 다행히 글렌은 다리를 절단하지는 않았지만 침대에 누워서 지내야만 했다.

그러던 어느 날 글렌은 어머니에게 일으켜 달라고 졸랐다. 어머니와 아버지의 부축을 받았지만 그의 다리에는 몸 하나 세울 힘조차도 없었다. 하지만 그날부터 글렌은 혼자 서는 연습을 했다. 시간이 지나면서 혼자 설 수 있게 되자 걷는 연습을 했고, 걸을 수 있게 되자 뛰는 연습을 했다. 글렌에게는 이 시간들이 인내와 도전의 시간이었고 또한 기적의 시간이 되었다.

마침내 글렌은 학교 달리기 대회에서 1등을 하게 되었고, 이후 각종 육상경기대회에 출전해 우승을 차지했다. 그리고 1932년 로스엔젤리스 올림픽에 미국 대표로 출전해서 1,500미터 달리기에서 4위를 차지했고, 1936년 베를린 올림픽 대회에서는 은메달을 차지했다.

글렌은 어릴 때를 회상하면서 이렇게 말했다고 한다.

"의사들은 내 다리는 보았지만 내 마음은 보지는 못했어요."

불굴의 의지와 치열한 자기와의 싸움으로 감동을 준 또 하나의 사례가 있다. 영화로도 만들어져서 많은 사람들에게 용기와 감동을 주었던 대한민국 여자 핸드볼 팀의 경기였다.

2004년 아테네 올림픽 여자핸드볼 결승전에서 한국 대표팀은 올림픽 역사에 길이 남을 명승부를 펼쳤다. 폐막을 하루 앞둔 8월 29일, 여자 핸드볼 결승전에서 한국 팀은 올림픽 3연패를 노리는 덴마크 팀을 맞았다. 예선전에서 비긴 양 팀은 한 치의 양보도 없이 혈전을 펼쳤다. 그러나 전반전, 후반전, 연장전, 재연장전까지 120분의 접전에서도 승패를 가리지 못했다. 결국 숨 막히는 승부 던지기 끝에 한국 팀은 2대 4로 패하고 말았다. 선수들은 주저앉았고, 서로 눈물을 닦아주며 위로했다. 그 날의 한 경기를 위해 얼마나 많은 땀과 눈물을 흘렸는지 그들은 말하지 않아도 알고 있었다.

경기에서 지고 눈물을 흘리는 선수들을 보며 온 국민이 함께 눈물을 흘렸다. 그리고 그들이 보여준 끝까지 포기하지 않는 정신력과 투지에 모두가 찬사와 박수를 보냈다. 그리고 그들에게 '졌지만 이겼다.'라고 말해주었다. 승부에서는 졌지만 그들 모두 자기 자신들에게는 승자라는 최고의 칭찬을 보낸 것이다. 이 시합은 AP통신에 '아테네 올림픽 10대 명승부'로 선정되는 등 전 세계적으로 화제가 되었다.

때로는 아주 작은 선택이 거대한 기회의 문을 열어주기도 하고, 작은 기회가 커다란 성공의 발판이 되기도 한다. 그런데 그 기회를 잡아 선택의 권리를 얻은 사람들은 최선을 다해 준비한 사람들이다.

성공으로 가는 길은 결국 자기 자신과의 싸움이다. 자기 자신과의 싸움은 그 어떤 싸움과도 비교할 수 없을 정도로 힘든 싸움이고 언제라도 승패가 바뀔 수 있는 영원히 끝나지 않는 싸움이다. 그리고 항상 질 수는 있지만 언제나 이길 수만은 없는 싸움이기도 하다. 자기 자신과의 싸움에서 가장 강력한 무기는 바로 긍정이라는 이름의 칼이다. 이 칼은 인내심이 바닥났을 때 조금 더 버틸 수 있게 해주고, 포기하고 싶을 때 조금 더 갈 수 있게 해준다. 그리고 기회가 왔을 때 빠르고 과감하게 결단을 내릴 수 있게 해주는 기적의 칼이다. 그래서 긍정이라는 칼을 들고 싸우는 사람은 어떤 두려움이 와도 정면으로 승부할 수 있다.

저절로 이루어지는 것은
아무것도 없다

이탈리아 남부의 농촌 출신인 토니 트리비손노는 맨손으로 미국에
건너갔다.

어느 날 토니가 어느 집 차고 뒤에 서 있는 것을 보고 그 집 주인이
물었다.

"무슨 일이시죠?"

그러자 토니가 서투른 영어로 말했다.

"저는 토니 트리비손노입니다. 저는 당신의 잔디를 깎겠습니다."

집주인인 크로는 토니에게 정원사를 쓸 형편이 못 된다고 말했다.

그러자 토니는 다시 한 번 '나는 당신의 잔디를 깎겠습니다.' 라고 말하고 가버렸다.

이튿날 저녁 크로가 퇴근해서 집에 돌아오니 정원의 잔디가 깔끔하게 정리되어 있었다. 그렇게 며칠 동안 계속되자 크로는 토니를 주급을 받는 정원사로 고용했다.

여름이 지나고 가을로 접어든 어느 날 저녁, 토니가 크로에게 찾아와 말했다.

"크로 씨, 곧 겨울이 올 겁니다. 겨울이 되면 당신 공장의 눈 치우는 일을 할 수 있게 해주세요."

토니는 공장 눈 치우는 일을 맡게 되었고 공장 사람들로부터 성실한 사람이라는 평가를 받게 되었다.

이듬해 여름 어느 날, 크로는 다시 차고 뒤에 서 있는 토니를 발견했다.

"견습공이 되고 싶습니다."

크로는 토니가 어려운 작업을 할 수 있을지 걱정이 되었지만 그의 청을 들어주기로 했다. 토니는 견습공이 되었고 몇 달 후 정식 직원이 되었다.

그렇게 몇 년이 지난 어느 날, 또 토니가 차고 뒤에서 기다리고 있었다.

"집을 사고 싶습니다."

토니는 도시 변두리에 거의 허물어져가는 집을 샀고 몇 년 후 그 집을 팔아 농장을 샀다. 이후 그 농장에는 트랙터가 생겼고 고급 승용차가 주차되어 있었다.

복권에 당첨되지 않는 이상 한순간에 이루어지는 인생 역전은 없다. 성공한 사람들을 보면 그들은 어느 날 갑자기 성공한 사람들처럼 보인다. 이미 성공한 후의 화려한 모습만 볼 수 있기 때문이다. 하지만 그들은 오랜 시간 꿈을 이루기 위해 고된 땀방울과 힘든 눈물의 시간을 보냈다.

그들에게도 조금씩 조금씩 작은 성공을 이루며 즐거워하고, 거듭되는 실패에 좌절하던 시기가 있었다는 것을 잊으면 안 된다. 무엇보다도 그들은 끝없는 도전과 재도전, 그리고 또다시 도전하며 결코 자신의 꿈을 포기하지 않았다. 그렇게 작은 성공과 성공이 지층처럼 쌓이면서 지금의 모습이 만들어진 것이다.

노력하지 않고 이루어지는 성공은 세상에 없다. 성공은 어떤 절망적인 상황에서도 포기하지 않고 다시 도전했던 시간들에 대한 보상인 것이다.

존경받는 성공이 참다운 성공이다

아주 오래 전, 같은 지방에 살면서 장사를 하는 친구들이 큰 바다로 나가게 되었다. 큰 바다로 나가려면 길잡이가 필요했기 때문에 그들은 길잡이를 구해서 동승시켰다. 그리고 큰 바다 한복판으로 나가게 되었는데 갑자기 격랑을 만나게 되었다.

그곳은 옛날부터 해신이 살아 제물을 바치지 않으면 배를 난파시킨다는 전설이 있는 곳이었다. 파도가 심해지자 한 사람이 해신에게 제물을 바치자고 제안했다.

일행은 그 친구의 말을 듣자 안색이 창백해졌다. 그러나 곧 제사를 지내기로 결정했다.

그런데 누구를 제물로 바쳐야 할지 서로 의견이 분분해졌다. 배에 타고 있는 누구도 제물이 되려고 나설 리가 없었기 때문이다.

결국 친구들끼리 서로 제물로 삼을 수 없으니 길잡이를 제물로 삼기로 결정했다. 그리고 길잡이를 해신에게 제물로 바치자마자 격한 풍랑이 잦아들기 시작했다. 친구들은 그나마 천만다행이라고 생각하며 안심했다.

하지만 그 기쁨은 그리 오래 가지 않았다. 길잡이가 사라지자 큰 바다의 한복판에서 길을 잃고 만 것이다. 그들은 죽을 때까지 바다를 떠도는 신세가 되고 말았다.

사람들은 때로 너무도 어이없는 결정을 내리곤 한다. 그리고 스스로 그런 결정을 내린 것에 대해 뼈저리게 후회한다. 특히 지금 당장은 이익이 되지만 결과적으로는 모두에게 손해가 되는 결정을 내렸을 때 특히 그러하다. 그래서 다수의 의견이 항상 옳은 것만은 아니다.

오늘도 성공을 꿈꾸는 많은 사람들이 있다. 그들이 꿈꾸는 성공은 모두 다르다. 하지만 성공을 꿈꾸는 사람이라면 공동체에 대한 책임의식을 가져야 한다. 자신의 성공이 공동체에 해악이 된다면 그의 성공은 결국 성공적이지 못할 것이다.

개인의 성공과 공동체의 성공이 함께 이루어지는 성공이야말로 최고의 성공이고 존경받을 수 있는 성공이다. 개인의 이익이 공동체의 이익이 될 수 있는 성공은 언제나 경외의 대상이 된다. 하지만 공동체의 이익 따위는 안중에도 없이 개인의 이익만을 추구하는 사람은 공동체로부터 환영받지 못한다. 질투와 시기의 대상이 되고 그의 성공을 끌어내리려는 많은 사람들로부터 공격을 받을 것이다. 존경의 대상이 되기는커녕 따돌림의 대상이 될 뿐이다. 이러한 성공은 오래 가지 못한다.

성공한 사람들이 존경받는 사회는 건강한 사회이다. 존경은 바란다고 얻을 수 있는 것도 아니고 돈으로 살 수도 없는 것이다. 사회의 지도층이 존경받는다는 것은 그들이 그만큼 공동체의 이익에 대한 책임과 의무를 다하고 있다는 증거인 것이다.

어떤 성공을 할 것인지는 누구도 강요할 수 없다. 그러나 존경받는 성공, 진정 마음에서 우러나오는 박수를 받는 성공을 원한다면 모두가 공동체의 일원이라는 사실을 잊지 않아야 한다.

참다운 성공에는
상생의 정신이 있다

    미국의 대재벌 록펠러는 43세에 이미 세계에서 가장 큰 회사를 경영했고, 53세 때는 세계 최고의 부자가 되었다. 그러나 그 즈음 그는 몸이 쇠약해지고 지독한 피부병까지 얻게 되었다. 머리카락과 눈썹이 빠지고 몸이 점점 여위어갔다. 겨우 몇 조각의 비스킷과 물로 식사를 대신할 정도로 그의 건강은 극도로 악화되었다.

    더구나 돈벌이에만 치중한 탓에 인심을 잃어 항상 경호원과 동행을 해야만 했다. 록페러는 언제나 무엇엔가 쫓기듯 불안함에 떨며 잠을 제대로 이룰 수가 없었다. 억만장자 록펠러는 더 이상 행복하지 않았고 그의 얼굴도 굳어 버렸다.

록펠러를 진단한 의사들은 모두들 그가 1년 이상 살 수 없을 것이라고 말했고, 언론은 그의 건강보다는 그의 막대한 재산이 과연 누구에게 상속될 것인가에만 관심을 보였다.

록펠러는 그 상황에서 심각한 고민에 빠지게 되었다. 도대체 무엇을 위해 지금까지 그렇게 치열하게 살아왔는지 알 수 없게 되어버렸던 것이다. 록펠러는 자신의 막대한 재산을 사회에 환원하기로 마음먹고 가난한 이웃과 불쌍한 사람들을 돕기 시작했다. 또 '록펠러 재단'을 설립해 식량, 인구, 의학, 교육, 문화 등 다방면에 많은 지원을 아끼지 않았다.

그러자 록펠러에게 기적이 일어나기 시작했다. 최악으로 치닫던 건강이 다시 회복되기 시작했던 것이다. 잠을 잘 수 있게 되었고 잘 먹을 수도 있게 되었다. 그리고 무엇보다도 큰 변화는 그의 얼굴에 웃음이 돌아오기 시작한 것이었다.

삶의 기쁨을 되찾은 록펠러는 의사들의 예상과 달리 98세까지 장수를 누렸다.

상생의 정신이 없는 성공은 참다운 성공이라고 할 수 없다. 다른 사람들을 짓밟고 올라선 성공은 다른 사람들의 질투만 불러일으킬 뿐이다. 이렇게 성공한 사람은 그 성공의 한 계단을 오를 때마다 자신을 진심으로 위하는 사람들의 수는 줄어들고 그 자리는 자신을 이용하려는 사람들로 채워진다. 그래서 많은 돈이 있지만 누군가에게 빼앗기지 않을까 불안하고, 높은 자리에 있으나 언제 배신당할지 몰라 두렵다.

참다운 성공은 상생의 정신이 살아있는 성공이다. 내게 돈이 많아 질수록 주위 사람들도 돈이 많아지고 내가 높은 자리에 있어도 다른 사람들을 진심으로 배려하는 것이야말로 참다운 성공이다.

아량과 배려는 성공한 사람들이 반드시 가져야 하는 덕목이다. 사람이 없고 사랑이 없는 성공은 황량한 벌판과 같다. 성공의 최고정점에서 고독한 적막과 조우한다면 차라리 더 작은 성공에 만족하는 편이 나을 것이다.

Tip 1

기회와 선택의 심리학

왜 언제나 계획했던 시간에 끝내지 못하는 것일까?

−계획 오류 Planning fallacy

　　캐나다의 심리학자인 로저 뷸러는 졸업반 학생들을 상대로 한 가지 실험을 했다. 학생들은 마지막 학기가 되면 졸업 논문을 한 편씩 써야 했는데, 이 학생들에게 두 가지 질문을 했다. 첫 번째 질문은 계획대로 진행되면 논문을 완성하는 데 시간이 얼마나 걸릴 것인가 하는 것이었고, 두 번째 질문은 만약 계획대로 되지 않는다면 언제까지 제출할 수 있는지였다. 학생들은 첫 번째 질문에는 평균 24.7일, 두 번째 질문에는 평균 48.6일이 걸릴 것이라고 대답했다. 하지만 이 학생들이 실제로 논문을 제출하기까지 걸린 시간은 평균 55.5일이었고, 30퍼센트의 학생들만 자신이 예상한 시간을 지켰다. 대부분의 학생들은 자신이 대답한 것보다 거의 두 배의 시간이 걸렸고, 잘 안됐을 때 걸릴 것이라고 예상했던 시간보다도 일주일 더 늦었다.

　　이런 결과가 나온 첫 번째 이유는 학생들이 이루어지길 바라는 것을 우선적으로 생각했기 때문이고, 두 번째 이유는 영향을 미칠 수 있는 일들은 계획에 반영하지 않았기 때문이다. 예기치 않은 일들은 언제든 일어나기 마련이다. 과거의 경험이나 비슷한 경험을 계획에 반영하고 계획이 늦어질 조건들을 미리 예상해보는 것으로 계획 시간을 어느 정도는 조절할 수 있다.

억지웃음도 진짜 웃음과 같은 효과를 발휘한다

-안면 피드백 가설 Facial feedback hypothesis

미시건대학교의 연구자들은 실험 대상자에게 미소 짓는 얼굴 그림, 찡그린 얼굴 그림, 그리고 무표정한 얼굴 그림 가운데 한 가지를 보여주었다. 보여준 시간은 거의 100분의 1초 이하로 아주 짧은 시간이었다.

그리고는 한자(漢字)를 하나 보여주면서 그 한자가 마음에 드는지, 마음에 들지 않는지 느낌을 이야기하도록 했다. 그러자 미소 짓는 얼굴 그림을 본 사람들은 처음으로 보는 한자가 마음에 든다고 대답했다.

로마린다 대학의 리 버크 Lee Berk와 스탠리 탠 Stanley Tan은 웃음이 면역기능에 미치는 긍정적인 효과를 입증했다. 그리고 이를 계기로 웃음치료가 본격화되었다.

이 웃음 치료는 스탠퍼드 대학의 정신과 의사인 윌리엄 프라이 William Fry로부터 체계화되었다. 그는 유치원 아이들은 하루에 300번 이상 웃는 반면 성인은 평균 17번 웃는다는 것을 예로 들어, 삶의 활력과 건강이 웃음으로부터 비롯된다고 강조했다.

19세기 말 심리학자인 윌리엄 제임스 William James는 감정이 먼저 생긴 다음 얼굴에 표정을 짓게 되는 것이 아니라고 보고했다. 즉 자극에 의해 표정이 반사적으로 나타나고 그 표정이 감정을 좌우하게 된다는 것이었다. 이를 '안면 피드백 가설 Facial feedback hypothesis'라고 한다.

1988년 독일의 심리학자 프리츠 슈트라크 Fritz Strack, 레너드 마틴 Leonard Martin, 자비네 스테퍼 Sabine Stepper도 이와 관련된 실험을 했다. 피험자들 중 한 그룹은 볼펜을 코와 윗입술 사이에 물게 하고, 다른 그룹은 볼펜을 위아래 어금니 사이에 물게 했다. 이 상태에서 두 그룹에게 똑같은 만화를 보여준 뒤 나중에 얼마나 재미있게 보았는지 평가하도록 했다. 그런데 위아래 어금니에 볼펜을 물었던 그룹이 훨씬 더 재미있게 보았다고 말했다. 볼펜을 코와 입술 사이에 물면 찡그린 얼굴이 되고, 이 사이에 물면 저절로 웃는 얼굴이 되기 때문이었다. 이 실험을 통해 우리는 비록 억지웃음이라고 해도, 웃으면서 경험한 것에 대해서는 더 긍정적인 평가를 내리게 된다는 것을 알 수 있다.

사람들은 모두 자기중심적으로 생각한다

-자기중심적 편파 Egocentric Bias

영국 런던 유니버시티 칼리지의 데이비드 해밀턴 David Hamilton 박사는 다음과 같은 실험을 했다.

연구진은 피험자에게 150g과 750g의 두 가지 상자를 차례로 들게 하면서 다른 사람이 든 상자의 무게를 가늠하게 했다. 실험 결과 150g 상자를 들고 있을 때는 다른 사람이 들고 있는 상자를 실제보다 무거운 것으로 평가한 반면, 750g 상자를 들고 있을 때는 상대가 들고 있는 상자를 실제보다 더 가벼운 것으로 판단했다.

우리는 다른 사람의 행동을 보면 머릿속에서 그 행동을 시뮬레이션해봄으로써 그에 수반되는 노력의 정도나 고통 등을 가늠한다. 그런데 동시에 나 자신도 똑같은 행동을 하고 있으면 이런 가늠에 혼선이 생기기 시작한다. 남이 수고하는 것보다는 내가 더 수고하는 것 같고, 남이 얻어가는 것보다는 내가 얻어가는 것이 훨씬 적게 느껴진다.

내가 어떤 일을 할 때는 결과를 얻을 때까지 얼마나 힘들었는지 잘 안다. 하지만 다른 사람의 일에 대해서는 결과만 보고 비교적 손쉽게 얻어졌으리라고 간주한다.

의견을 모을수록 더 과감해진다
-집단 극단화 현상 Group Polarization

1961년 MIT 심리학과에서 석사 과정을 밟고 있던 제임스 스토너 James Stoner는 '모험적 이행 risky shift'이라는 현상을 발견했다. 개인적으로 물어보면 중도적이고 온건한 의견을 지지하던 사람이라도, 집단으로 논의를 진행시키면 좀 더 과격한 의견, 좀 더 위험한 결정을 내리게 되는 현상이다.

이후 세르주 모스코비치 Serge Moscovic와 마리사 자발로니 Marisa Zavalloni의 연구에서 모험적 이행은 집단 극화 현상의 일부분임이 밝혀졌다. 즉 모험적 이행도 있지만 온건 보수화도 그만큼 흔하다는 뜻이다. 만일 찬성 쪽에 동조하는 사람들이 조금이라도 더 많은 상태에서 논의를 시작한다면 결과는 만장일치 찬성 등의 과장된 형태로, 탐탁치 않게 생각하는 사람들이 조금이라도 더 많은 상태에서 논의가 시작되면 투쟁도 불사하는 결사반대 쪽으로 흐른다는 것이다.

심리학자인 조지 비숍 George Bishop과 데이비드 마이어스 David Myers는 역시 실험을 통해, 사람들이 자신과 이야기가 통하는 사람들하고만 의견을 나누면, 점점 더 다른 의견을 받아들이는 여유와 유연성을 잃어버리게 된다는 것을 밝혀냈다.

당근과 채찍은 점점 더 강해져야 효과가 지속된다
-크레스피 효과 Crespi Effect

당근과 채찍이 효과를 내려면 점점 더 강도가 세져야만 한다는 이론은 1942년 미국의 심리학자 레오 크레스피 Leo Crespi에 의해 처음 수립되었다. 그는 쥐들에게 미로찾기를 시킬 때, 한 그룹은 미로 찾기에 성공할 때마다 먹이를 한 개씩 주고 다른 그룹은 다섯 개씩 주었다. 예상했던 대로 먹이를 5개 준 그룹이 훨씬 미로를 빨리 찾았다.

이렇게 4~5번 반복한 후 한 개씩 받던 그룹에는 다섯 개를 주었고, 다섯 개씩 받던 그룹에는 한 개만 주었다. 그러자 한 개를 받다가 다섯 개를 받게 된 그룹은 처음부터 다섯 개씩 받던 그룹이 처음에 했던 것보다 훨씬 더 빨리 미로를 찾았다. 반대로 다섯 개에서 한 개로 줄어든 그룹은 처음에 한 개씩 받던 그룹의 처음 성적보다 훨씬 좋지 않았다.

이 결과의 의미는 결국 당근과 채찍 전략에서 효과를 일으키는 것은, 지금 현재 당근과 채찍을 얼마씩 주느냐가 아니라 이전에 비해 얼마나 더 많이 주느냐라는 것이다. 채찍의 경우도 점점 더 강도를 높여야만 현 상태를 유지할 수 있는 것이다.

크레스피는 자신의 실험 결과를 근거로 전통적인 팁 제도에 대해 반대 운동을 벌였다. 팁은 좀 더 친절한 서비스를 위해 손님이 주는 일종의 인센티브인데, 시간이 지나자 당연히 주어야 하는 것이 되어서 팁을 받지 못하면 자존심에 상처를 받을 것이라는 게 그의 주장이었다.

모두가 주인이라는 것은 주인이 없다는 것과 같다
—공유지의 비극 Tragedy of the commons

영국의 어느 마을 가운데 누구나 양을 끌고 와서 먹일 수있는 무성한 목초지가 있었다. 목초지는 공유지였고 풀이 다시 자랄 수 있도록 번갈아 목초지를 관리하고 양의 수를 제한하기도 했다. 그러나 결국 목초지가 망가지기 전에 자신의 양떼를 먹이려고 달려드는 바람에 목초지는 황폐해지고 말았다. 이것을 공유지의 비극이라고 한다.

스위스 취리히 대학의 경제학자 에른스트 페르 Ernst Fehr는 개인과 개인의 거래에서의 공유지의 비극 현상에 대한 실험을 했다.

그는 실험 참가자들에게 10달러를 준 뒤, 각자에게 조금씩 내도록 했다. 그렇게 모든 참가자들에게서 돈을 걷은 뒤 이 금액의 두 배를 피험자 수로 나누어 모든 사람에게 동일하게 나누어 주었다. 그런데 한 회 한 회 거듭할수록 사람들이 내는 액수는 줄어들었고, 마지막에는 모두가 한 푼도 내지 않게 되었다. 문제는 돈을 내지 않아도 혜택을 받을 수 있다는 데 있었다. 회가 거듭되자 누군가가 전혀 돈을 내지 않으면서 나누어 주는 돈은 받아간다는 것을 알게 되었다. 단 한 명이라도 이런 사람이 있다는 것을 알게 되면 사람들의 믿음은 한순간에 무너진다. 사람들은 쉽게 돈을 벌 수 있는 기회가 있더라도 무임승차에 대해서는 간단히 용인하지 않기 때문이다.

페르는 이 시스템이 무너지지 않게 할 여러 가지 방안을 모색했고, 결국 한 가지 효과적인 방안을 찾아냈다. 누구든 이런 양체를 발견하면 신고할 수 있게 한 것이다. 단 신고를 한 사람도 1달러를 내게 했고, 신고를 당한 사람은 2달러의 벌금을 내게 했다. 이렇게 모인 3달러는 모금액에 포함되었고, 다시 모든 사람에게 똑같이 나누어졌다. 자기 돈을 잃게 되더라도 양

체들을 처벌할 수 있는 제도 하에서만 시스템은 안정되게 유지될 수 있었다.

우리는 왜 명품에 매달리는 것일까?

-베블런 효과 Veblen effect와 밴드웨건 효과 Bandwagon effect

미국의 경제학자 소스타인 베블런 Thorstein Veblen은 그의 책에서 유한 계급의 소비는 생산성이나 사회에 도움이 되기보다는 소비 자체에 머무른다고 비판했다. 그가 말한 '베블런 상품 Veblen goods'들은 상품의 효용 가치가 아니라 과시 효과 때문에 소비되는 물건들을 말한다. 소위 명품이라고 불리는 상품들을 말하는 것이다.

미국 서북부 인디언 사회에는 포틀래치 potlatch라는 겨울 축제가 있다. 이 풍습을 행하는 종족의 추장은 이웃 부족 추장들을 모두 초대한 뒤 마을 한복판에 엄청난 사치품들을 쌓아놓고 이를 자랑한다. 그리고 부족에 따라서는 이 사치품들을 초대한 추장들에게 나눠주거나, 불태워버린다고 한다. 그런데 이런 모욕을 당하고 돌아온 추장들은 더 높이 사치품을 쌓아놓고 같은 방식으로 상대편 추장에게 빚진 모욕을 갚는다고 한다. 얼마나 무의미하게 소비했느냐에 따라 사회적인 위계질서에서 조금이라도 더 높은 자리를 차지한 것이다.

반대로 여유가 없는 계층에서 이루어지는 과소비를 밴드웨건 효과라고
한다. 이 효과의 유래는 1848년 한 어릿광대로부터 시작되었다. 당시에 유
명한 광대였던 댄 라이스 Dan Rice는 자신이 지지하는 정치 후보의 당선
을 위해 악단을 태운 마차를 앞세워 마을을 돌아다녔고, 이 전략은 대성공
을 거두게 된다. 이후 미국의 선거 운동원들은 너나 할 것 없이 밴드웨건 전
략을 사용했고, 이처럼 자신의 신념이나 소신과는 상관없이 많은 사람들이
선택하는 방향을 무비판적으로 따라가는 행위를 밴드웨건 효과라고 한다.

로또는 우리를 얼마나 오래 행복하게 해줄 수 있을까?
-트레드밀 위의 행복 Happiness on a Treadmill

트레드밀이란 '발로 밟아 돌리는 바퀴, 지루한 일'을 가리킨다. 트레드
밀 위의 행복이란 아무리 많은 돈을 벌고 많은 업적을 이루어도, 행복이라
는 관점에서는 트레드밀 위에서 열심히 뛰어봤자 제자리인 것처럼 항상 같
은 자리에서 벗어나지 못한다는 뜻이다.

1978년 미국의 심리학자인 필립 브릭먼 Philip Brickman은 로또 당첨
자의 행복이 얼마나 지속되는가를 조사했다. 그는 이들과 비교하기 위해 반
대로 끔찍한 사고를 당해 후유증을 앓고 있는 피해자가 얼마나 오래 불행해
하는가도 조사했다. 그런데 복권 당첨자가 느끼는 흥분과 기쁨은 잠시일

뿐, 이후에는 일상으로 돌아왔을 뿐만 아니라 작은 일에 기뻐하는 능력은 오히려 전보다도 못하게 되고 말았다. 반면 사고 피해자 중에서는 상실감에 괴로워하는 사람들이 많았지만 예상 외로 자신의 상태를 극복하고 순간순간의 행복을 되찾는 사람들이 많았다. 이렇게 외부의 조건들에 의한 행복과 불행은 그리 오래 가지 않는다고 한다.

인간에게 지속되는 행복은 새로운 경험에 대한 도전과 그에 따른 추억의 나눔에 있는 것이다.

CHAPTER 2
기회를 부르는 인생

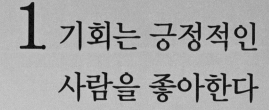

1 기회는 긍정적인
사람을 좋아한다

자기계발의 선구자인 얼 나이팅게일은 이렇게 말했다.

"당신의 마음은 지금 당신이 생각하는 방향으로 움직이게 돼 있다."

어떤 잡지사에서 독자들에게 경제동향에 관한 설문조사를 한 일이 있었다. 그 설문조사의 응답자들 가운데 22%는 경제가 불황의 초기단계에 있다고 대답했고, 같은 수의 응답자들은 경기회복이 진행중이라고 대답했다.

그들의 대답은 모두 옳았다. 그들은 모두 자신들의 생각을 반영해 대답을 한 것이었다. 하지만 사람들은 자신이 지배적으로 생각하는 것에 따라 가게 되어 있다. 그래서 부정적인 대답을 한 사람들은 더욱 몸을 사릴 것이고 긍정적인 대답을 한 사람들은 뭔가 기회를 잡기 위해 분주하게 움직이고 있을 것이다.

긍정의 습관을 가진 사람들은 좋지 않는 상황에서 해결책을 찾으려 노력하고, 부정적인 습관을 가진 사람들은 좋은 상황에서도 안 좋아질 것을 미리 염려한다. 긍정적인 사고는 불행 속에서도 희망의 씨앗을 보고, 부정적인 사고는 행복 속에서도 불행의 씨앗을 본다. 그래서 긍정적인 사고는 언제나 부정적인 사고보다 우위에 설 수밖에 없다. 부정적인 사고로는 절대 행복해질 방법을 찾아내지 못할 것이기 때문이다. 반면에 긍정적인 사고는 어려운 상황 속에서도 희망을 발견하여 결국 행복해질 방법을 찾아내고야 만다.

물론 희망을 발견했다고 해서 어려운 일들이 모두 해결되어버리는 것은 아니다. 그러나 희망이 있으면 회복할 수 있는 가능성을 찾게 된다. 희망이 하는 역할은 거기까지이다. 그 다음 실제로 문제를 해결하는 것은 당신의 몫이다. 행운의 여신은 당신에게 약이 있다는 것은 알려주지만 약을 만들어주지는 않기 때문이다.

긍정의 힘은 어디에서 오는가?

에디슨은 축전지를 만들기 위해 무려 2만 번의 실험을 했다. 그러나 납을 대신할 물질을 여전히 찾지 못하고 있었다.

어느 날, 실험실을 찾아온 한 방문객이 에디슨에게 위로의 말을 건넸다.

"2만 번이 실험을 했는데도 실패하다니 얼마나 상심이 크십니까?"

그러자 에디슨이 정색을 하며 대답했다.

"천만에요. 2만 번의 실패로 저는 2만 가지의 실험 자료를 갖게 되었습니다. 오히려 감사할 일이지요."

또 한 번은 연구소에 화재가 발생해 귀중한 실험기계를 모두 잃게 되었다. 에디슨은 까맣게 그을린 실험기계를 보며 혼자 중얼거렸다.

"지금까지 내가 실수했던 것들이 모두 사라졌다. 이제 처음부터 다시 시작이다. 나는 모든 실험을 새롭게 시작할 수 있게 됐어."

불행은 마치 도둑처럼 느닷없이 찾아온다. 그리고 좌절과 낙담을 안겨주고 사라진다. 그러면 사람들은 희망을 잃고 배회한다.

그 순간 반짝거리며 모습을 드러내는 게 있다. 그리고 사람들에게 다시 시작할 수 있다고 속삭인다.

긍정의 힘은 최악이라고 생각되는 순간에도 다시 시작할 수 있게 해주는 힘이다. 이 긍정의 힘은 밖에서 오는 것이 아니라 우리의 마음 속에서 나온다. 빛이 뿜어져 나오듯 가슴속에서 밝은 빛을 내며 온 몸에 생기를 불어넣는다.

긍정은 대책없는 낙관론이 아니다. 막연히 잘 될 거야라고 생각하는 것은 긍정이 주는 힘이 아니다. 긍정적인 사람들은 현재의 상태를 파악하는 능력이 뛰어난 사람들이다. 그리고 눈앞의 현실을 있는 그대로 받아들이는 사람들이다. 긍정은 나 자신과 환경을 정확히 파악하고 그것을 인정하는 것으로부터 시작된다. 그리고 그것으로부터 희망의 씨앗을 발견하는 것이다. 그래서 긍정의 힘은 강하다.

신경 써야 할 것은
단점이 아니라 장점이다

　　아인슈타인은 어려서부터 말을 제대로 하지 못하는 지진아였다. 그는 학교성적도 아주 나쁜 데다가 사교적인 성격이 아니어서 학교에서는 거의 존재감이 없는 학생이었다. 어린 시절의 아인슈타인은 이렇게 천재적인 특성이라고는 전혀 찾아볼 수 없는 학생이었다. 초등학교 생활기록부에는 '무엇을 하던 성공할 가능성이 희박하다.' 라고 적혀 있을 정도로 열등생이었다. 하지만 그는 훗날 천재 중의 천재라는 이야기를 들을 정도로 놀라운 업적을 이루었다.

　　영국의 처칠 수상도 학교성적이 엉망이기는 마찬가지였다. 초등학교 시절 그는 학급에서 가장 성적이 나쁜 아이였다. 그는 전 과목 골고루 성적이 좋지 않았는데 특히 수학 성적이 제일 좋지 않았다. 하지만 그는 재무장관이 되어 영국의 재무를 책임졌으며 수상이 되어 제2차 세계대전을 승리로 이끈 주역이 되었다. 또한 저술가로도 활동해 노벨 문학상을 받았다.

미국의 아이젠하워 대통령은 소년시절 육군사관학교에 입학할 때 성적이 160명 중에서 61등이었다.

일본의 내셔널 전자기구로 유명한 마쯔시다 회장이나 혼다 오토바이로 이름난 혼다 회장 또한 초등학교 정도의 학력에 불과했고 그나마도 성적은 중간 이하였다.

진화론으로 널리 알려진 다윈도 초등학교 때 성적이 신통치 않았다. 그의 스승은 '그가 이렇게 훌륭하게 되리라고는 꿈에도 생각하지 못할 정도로 평범한 아이였다.' 라고 말했다. 그의 아버지에게서 '너는 총을 가지고 개나 쥐를 잡는 정도의 재주밖에 없는 것이냐? 너는 우리 가문의 수치다!' 라는 말을 들을 정도였다.

그러나 이들은 모두 성공했다. 이들이 성공한 이유는 자신의 장점을 찾아 극대화했기 때문이다.

많은 사람들이 자신의 장점에는 무관심하면서도 단점에서는 시선을 떼지 못한다. 단점은 바라보면 바라볼수록 커지는 괴물 같은 특성을 가지고 있다. 그리고 어느 순간 장점마저도 집어삼켜버린다.

단점에서 시선을 거두지 않는 한 장점은 단점에 가려 밖으로 나오지 못한다. 때문에 의식적인 노력으로 자신의 장점을 파악하고 키울 필요가 있다. 장점은 단점과 달리 키워주지 않는 한 스스로 성장하지 않는다.

성공한 사람들에게 당신의 단점이 무엇이냐고 물어보는 사람은 없다. 반대로 사람들은 그들의 장점이 무엇인지 무척 궁금해 한다. 그들이 장점을 극대화해서 성공했을 것이라는 것을 알기 때문이다. 그래서 그들의 단점에 대해서는 누구도 관심을 두지 않는다. 단점은 누구에게나 있기 때문이다.

성공하고 싶은 사람이 가장 먼저 할 일은 바로 자신의 장점이 무엇인지 아는 것이다.

가능성은 장점을 찾는
사람에게만 보인다

    대개의 사람들은 불행의 원인을 환경과 주변 사람들의 탓으로 돌린다. 그러나 우리의 행복과 불행은 우리 자신에게 달려 있다. 환경은 주어진 조건일 뿐이다. 그리고 바꿀 수 없는 조건이다.

    어떤 여성이 남편을 따라 캘리포니아 주 모하비 사막에 있는 육군 훈련소 근처에서 살게 되었다. 얼마 후, 그녀는 친정아버지에게 한 통의 편지를 보냈다.

    '이곳은 정말 비참하기 짝이 없는 곳이에요. 섭씨 46도를 오르내리는 더위는 선인장 그늘에 있어도 식지 않고, 영어로 이야기를 나눌 사람도 없어요. 게다가 음식은 물론이고 숨 쉬는 공기에도 모래가 섞여 있을 정도로 지독한 곳이에요. 여기선 도저히 못 살겠어요. 차라리 교도소에서 사는 게 더 나을 것 같아요.'

그녀의 편지에 아버지의 답장이 도착했다.

'교도소에 있던 두 남자가 창밖을 보았단다. 그런데 한 사람은 창살을 보고 또 한 사람은 별을 보았단다. 너는 지금 무엇을 보고 있을지 궁금하구나.'

부정적인 생각에 사로잡히면 모든 사물의 단점만 보지만 긍정적인 생각을 하는 사람은 모든 사물의 장점을 찾아낸다. 단점만 찾아내는 사람은 결국 커 보이는 단점 때문에 아무것도 할 수 없다는 생각을 가질 수밖에 없다. 하지만 장점을 찾아내는 사람은 찾아낸 장점 때문에 어떤 일을 할 수 있는 가능성을 발견한다. 그래서 '단점을 찾는 사람은 뒤로 넘어져도 코가 깨지지만, 장점을 찾는 사람은 뒤로 넘어져도 돈을 줍는다' 라는 말도 있는 것이다.

다음과 같은 이야기도 있다.

무위자연을 설파하던 중국의 사상가 장자에게 한 사람이 찾아왔다. 평소에 장자를 못마땅하게 생각하던 그 사람은 장자에게 이렇게 말했다.

"선생님의 생각은 크고 높지만, 실제로 사람이 사는 데는 별로 쓸모가 없는 것 같습니다. 마치 저 앞에 있는 나무처럼 말입니다. 저 나무는 크기는 하지만 구부러지고 옹이가 많아서 목수들이 쳐다도 보지 않습니다."

그러자 장자가 말했다.

"반대로 생각을 한번 해보시지요. 구불거리고 옹이가 많기 때문에 목수들에게 잘리지 않고 저렇게 큰 나무로 자라지 않았을까요?"

"그래도 쓸모가 없기는 마찬가지 아닙니까?"

"왜 저 나무가 쓸모가 없다고 생각하십니까? 무더운 여름에는 저 나무의 넓은 그늘 아래서 더위를 피할 수가 있지 않습니까? 그것은 쓸모가 아닌가 봅니다."

그러자 그는 아무 말도 못하고 돌아갔다.

판단은 주위 사람이 아니라
자기 자신이 하는 것이다

　　성공한 많은 사람들이 주위 사람들로부터 공통적으로 들었던 이야기가 있다. 바로 '제정신이냐'는 이야기다. 이런 이야기를 들어도 성공에 대한 확신을 가지고 있었기 때문에 그들은 성공을 했고 주위에서 만류하던 사람들이 오히려 바보가 되었다.

　　주위 사람들의 이야기는 항상 신중하게 듣고 판단해야 한다. 그들의 말은 절반은 맞고 절반은 틀리다. 또 일부는 자신이 무슨 말을 하는지도 모르고 다른 사람의 말을 전하고 있을 뿐이다.

　　다음의 이야기를 보자.

　　공자의 제자 중에 증삼이라는 사람이 있었다. 그는 효자로 이름이

널리 알려져 있었다. 그는 비라는 마을에 살았는데 그 마을에는 이름
이 같은 사람이 살고 있었다.

그런데 어느 날 그 사람이 마을에서 살인을 저지르게 되었다. 그러
자 마을 사람 중 누군가가 증삼의 모친에게 이렇게 말했다.

"증삼이 사람을 죽였답니다."

그러나 증삼의 어머니는 그 사람에게 이렇게 말했다.

"내 아들은 살인 같은 건 하지 않는답니다."

그리고 하던 일을 계속했다.

그런데 한참 후에 마을 사람 중 다른 사람이 또 증삼의 어머니에게
찾아가서 말했다.

"증삼이 사람을 죽였답니다."

이 말을 들은 증삼의 어머니는 여전히 표정이 변화 없이 하던 일을
계속했다.

다시 한참 후 또 다른 마을 사람이 증삼의 모친을 찾아가 말했다.

"증삼이 사람을 죽였답니다."

그러자 증삼의 모친이 하던 일을 내려놓고 벌떡 일어나 증삼을 찾
아 뛰어나갔다.

어리석은 사람들의 반복된 이야기로 죄 없는 사람이 순식간에 살인
자로 오인되고 있다. 다른 사람들의 말에 휘둘리기 시작하면 끝이 없
다. 자신이 꾸던 꿈도 신념도 허황되거나 불가능하게 느껴진다.

그래서 자기 확신이 없는 사람은 성공하기 어렵다. 자기 자신에 대한 믿음과 꿈을 이룰 수 있다는 확신만을 다른 사람들의 잘못된 조언을 판단할 수 있는 척도로 삼아야 할 것이다. 그들은 당신의 실패나 성공과 무관한 경우가 대부분이기 때문이다. 그리고 그들이 당신보다 현명할 것이라는 증거는 어디에도 없다.

나에게 보내는 무한신뢰

가필드는 학문뿐만 아니라 사회정의에 대해서도 관심이 많았다. 당시 미국은 인간의 존엄에 기초한 민주주의와 반대되는 노예제도의 모순에 휩싸여 있었다. 그리고 이 모순을 해결하려면 정치에 뛰어들 수밖에 없었다. 그는 주 의원 입후보 요청을 흔쾌히 받아들였고 많은 사람들의 지지를 얻어 오하이오 주 의원에 당선되었다.

주 의원이 된 1년 후인 1861년, 링컨 대통령의 노예제 폐지 선언에 반대해 남부군 측이 공격을 가해왔고 이어서 남북전쟁이 발발했다. 링컨 대통령은 각 주에 군대 소집 명령을 내렸다.

이에 가필드는 '오하이오 주는 2만 명의 병사와 300달러를 준비하겠습니다'라고 주 정부에 통보하고 자신도 입대하여 전투에 참가했다. 자유와 인간성을 담보로 한 이 전쟁에서 가필드는 투철한 정의감으로 분투했다. 가필드는 중위에서 대위, 준장, 소장으로 승진했고, 3년을 군인으로 보낸 뒤 예편하여 미국 주 의회 의원으로 당선되었다. 그리고 얼마 후 자타가 공인하는 하원의 지도자가 되었고 이어 대통령에 출마했다.

유세차 오하이오 주를 방문한 가필드는 이렇게 연설했다.

'나는 주 의원이 된 지 꽤 되었지만 한 가지 신념만은 잊지 않았습니다. 설령 오해를 받거나 몸이 만신창이가 된다 해도 신념에 따라서 행동한다는 것입니다. 나는 오랫동안 여러분의 신뢰를 기대해 왔습니다. 그러나 지금 신뢰받고 싶은 사람이 또 한 사람 있습니다.

그는 가필드, 바로 내 자신입니다. 잘 때나 식사 때나 생활할 때나 죽을 때조차 나는 이 이름과 떨어질 수 없습니다. 따라서 나는 그에게 신뢰받지 않으면 안 되는 것입니다.'

가필드는 1880년 대통령에 선출되었고 흉탄에 쓰러지기까지의 짧은 재직 기간 동안 신념을 지키기 위해 전력을 다했다.

세상에서 가장 큰 신뢰는 자기 자신에게 보내는 무한신뢰이다. 자신에 대한 신뢰는 자신의 존재가치를 인정하는 것이며 세상에 대한 당당함의 표현이다. 자신에 대한 믿음은 어려움을 극복할 수 있는 원동력이며, 꿈꾸는 자의 자양분이다. 오직 자신에 대한 확고한 믿음만이 스스로를 변화시킬 수 있고 세상을 바꿀 수 있다.

자신에게 신뢰받는 사람은 이미 성공한 사람이라고 할 수 있다. 그래서 더 큰 성공을 꿈꾸어도 반드시 이룰 수 있다.

자신에 대한 신뢰는 세상에서 가장 축복받은 믿음이다. 세상의 모든 믿음은 자신에 대한 믿음으로부터 시작하기 때문이다.

모든 문제의 답은 자신 안에 있다

어느 날 '정신력의 기적'의 저자인 단카스터 박사의 연구소로 한 남자가 찾아왔다. 그는 박사를 만나기 위해 꼬박 하루가 걸리는 먼 길을 운전해서 찾아왔다. 그는 매우 피곤해 보였고 눈에는 핏발이 서 있었다.

단카스터 박사는 그에게 먹을 것을 권하면서 분위기를 부드럽게 만들어서 스스로 이야기를 시작하도록 조용히 기다렸다.

그는 실직 중이었고 아내와 귀여운 두 딸이 있다고 말했다. 그런데 일이 잘 성사되는 듯하다가 계속 어그러져서 화병을 얻었고 자포자기하게 되었다고 했다. 그는 고용주의 이름을 도용해서 수표를 발행했다가 경찰에 쫓기는 신세가 되었고, 참다 못한 아내는 친정으로 떠날 준비를 하고 있다고 했다.

박사를 만나러 오기 전날 도저히 방법이 없어 결국 죽음만이 유일한 해결책이라고 생각하게 되었다고 한다. 그래서 독약을 먹고 죽을 생각으로 길가의 공중화장실로 들어갔는데 화장실 바닥에 잡지 한 권이 있었다고 한다. 그런데 그 잡지에 '어떤 어려운 문제에도 해결방법은 있다.'는 내용의 글이 있어 그 글을 읽고 필자인 박사를 찾아 밤을 새워 달려왔다고 이야기했다.

그들은 몇 시간 동안이고 진지하게 대화를 나누었고, 그 남자는 자신의 어떤 점이 잘못되었는지 또 어떻게 해야 옳은 것인지를 깨닫고 스스로 변화되겠다는 약속을 하게 되었다. 그는 이 결심을 굳게 다짐하며 연구소를 나섰다.

집으로 돌아간 그는 그간의 일을 아내에게 이야기하며 용서를 구했고, 고용주를 찾아가 진심으로 사죄하며 빚을 꼭 갚겠다고 약속했다.

그가 진심으로 변하려 하고 있고 그 결심이 단단한 것을 보고 아내와 고용주는 그에게 다시 시작할 기회를 주었다. 이후 그는 부채도 모두 갚고 모범사원이 되어 가족들과 잘 지내고 있다고 한다.

포기하지 않으면 어떤 어려운 상황에서도 빠져나갈 방법은 반드시 있기 마련이다. 혼자가 감당하기 힘들면 주위의 사람들에게 손을 내밀어라. 그들 중 누군가는 반드시 도와줄 것이다.

문제는 그렇게 된 원인을 빨리 찾아내는 일이다. 그 원인은 대부분 자기 자신에게 있다. 주위의 사람들은 다 알고 있는데 정작 당사자는 그것을 모를 때가 많다.

원인이 자기 자신인 경우에는 스스로 변화하려는 노력을 해야 한다. 이 변화의 과정이 결코 쉽지는 않지만 그냥 주저앉아 있는 것보다는 그래도 더 나아지기 위해 뭔가 아주 사소한 것이라도 시도하는 게 낫다. 그것으로 인해 차츰 차츰 더 크고 심각한 것들을 변화시킬 수 있는 힘을 얻을 수 있기 때문이다.

내가 사는 이유에
답할 수 있어야 한다

어떤 신부가 배가 몹시 아파서 의사를 찾아갔다. 의사는 침통한 표정으로 암에 걸렸는데 너무 늦어서 오래 살 수 없으니 돌아가 떠날 준비를 하라고 말했다. 의사의 말대로 기꺼이 떠날 준비를 끝낸 신부는 마지막으로 평소 가보고 싶었던 멕시코의 한 교회를 찾아갔다.

마침내 그 교회에 가까이 이르렀을 때, 한 어린아이가 그 교회에서 헌금상자를 훔쳐 나오는 것을 보게 되었다. 신부는 그 아이를 잡고 왜 교회 물건을 도둑질했느냐고 혼을 냈다.

아이는 굶고 있는 고아친구들의 먹을 것을 사려고 헌금상자를 훔쳤다고 울먹였다. 신부는 소년의 이야기를 듣고 마음이 너무 아팠다. 신부는 그들을 직접 보기 위해 그 소년을 앞장세워 마을을 찾았다.

신부는 마을사람들과 고아 아이들이 너무나 가난하고 고단하게 사는 것을 보고 마음이 움직여 그곳에서 직접 고아원을 지었다. 그런데 신기하게도 신부의 생명은 이후 계속 연장되어 25년이 넘게 그 고아원을 운영하게 되었다.

사람들은 왜 각기 다르게 늙어갈까? 어떤 사람은 삶을 포기할 채어서 끝나기만을 기다리고, 또 어떤 사람은 끊임없이 활동적이고 강인한 삶을 유지한다. 그들의 이런 차이를 만드는 것은 무엇일까?

그 차이는 삶의 이유를 가지고 있느냐 없느냐에 있다. 아침이 되면 잠자리에서 일어나야 할 이유를 가지고 있어야 한다. 또한 자기 자신뿐만 아니라 '우리'를 계속 생각하게 만들어주는 이유를 가지고 있어야 한다.

목표가 없는 삶은 큰 바다를 표류하는 배와 같다. 무엇을 해야 할지 왜 해야 하는지도 알 수 없는 파도에 따라 이리저리 떠밀리는 인생인 것이다. 하지만 어느 순간 등대를 발견하면 순식간에 선원들의 눈빛과 움직임이 달라진다.

내일 할 일을 기다리는 사람은 잠자리에 드는 게 즐겁지만, 내일 어떤 일이 벌어질지 모르는 사람은 불안에 잠 못 이룬다. 하루의 목표, 한 달의 목표, 일 년의 목표가 있는 사람에게는 아침이 기다려진다.

강한 것은 부드럽고 온화하다

　　마음이 단련되어 있는 사람은 즐거움이나 평안함을 좇아 건전한 독서를 하거나, 보는 것만으로도 마음이 따뜻해지는 친구를 만난다. 그것들이 주변의 나쁜 유혹을 물리치도록 도와주는 좋은 울타리가 되기 때문이다.

　　유혹을 이겨내면 그때까지 마음의 흐름을 막고 있던 장애물이 일시에 제거되고 평안이 깃든다. 그리고 진정한 자신을 발견하게 된다. 사소한 일에 흥분하거나, 작은 실수에 당황하거나, 별것도 아닌 일에 소란을 피운다는 것은 그만큼 약하다는 증거다. 진정으로 강한 자는 마음이 굳건하여 세상 일에 온화한 자세를 견지한다.

요란스럽다고 강한 것이 아니다. 폭풍은 집을 무너뜨리고 나무를 송두리째 뽑아 넘길 듯 사납게 으르렁대지만, 지나간 자리에는 어수선함만이 남는다. 천둥이나 번개는 소란스럽기 그지없지만 조용한 대지의 힘과는 비교할 바가 아니다. 대지는 폭풍이 할퀴고 간 상처들을 아무렇지도 않게 원래의 상태로 되돌려 놓는다.

우리 인간도 마찬가지다. 요란스럽게 호들갑을 떠는 사람은 주변을 헝클어 놓을 뿐만 아니라 어느 것 하나 제대로 완성하지 못한다. 그는 강한 것처럼 보이지만 실제로는 가장 약한 사람이다.

인류에게 진정한 번영을 가져다 준 사람들은 대부분 동요하지 않는 마음과 조용한 용기를 가진 사람들이었다. 그들은 스스로가 힘겨운 싸움을 하고 있다는 것을 알고 있었다. 하지만 자신의 신념을 붙들고 주어진 길을 조용히 개척해 갔다.

종교개혁에 불씨를 지핀 마틴 루터나, 생활의 모범적 경건주의를 표방한 토마스 아케피스 같은 종교가들도 마찬가지다. 그들은 어떠한 반대나 위험 속에서도 강한 신념이 있었기 때문에 자신감과 온화함을 잃지 않았다. 때문에 사랑과 기쁨에 넘쳐 자신의 사명을 다할 수 있었다.

행복한 성공만이 진정한 성공이다

성공이란 무엇일까? 남들에게서 '저 사람은 성공한 사람이야'라는 이야기를 들으면 성공한 것일까? 얼마나 많은 돈을 모아야 성공한 것이고, 얼마나 높은 곳까지 올라가야 성공한 것이고, 얼마나 큰 명예를 얻고 존경을 받아야 성공한 것일까?

미국의 대부호 하워드 휴즈는 젊은 나이에 엄청난 재산을 모아 주위 사람들의 부러움을 샀다. 요즘 세계적으로 명성을 날리고 있는 할리우드 영화도 하워드 휴즈가 벌인 초창기 프로젝트 가운데 하나였다. 또 최고의 인기를 누리고 있는 뉴욕 브로드웨이 연극과 뮤지컬 사업, 미국 최대의 텔레비전 방송국 가운데 하나인 ABC방송국과 TWA항공사의 지분까지 소유한 그였다. 그는 가장 젊은 나이에, 그리고 가장 짧은 시간에 재벌로 급부상한 사람이었다. 그가 남긴 유산은 당시로서는 천문학적인 액수였다.

그런데 그는 사람들에게 입버릇처럼 말했다.

"지금도 부족합니다. 저는 아직 행복하지 않아요."

그가 세상을 떠났을 때 그의 장례식에 참석한 사람의 숫자는 열 손가락으로 헤아리고도 남았다고 한다.

탐욕과 욕망은 무한하다고 이야기한다. 욕심은 밑 빠진 독과 같아서 언제나 '조금 더 조금 더'를 외친다. 99를 가진 사람이 100을 채우기 위해 다른 사람들이 나누어 가지고 있는 1을 빼앗으려 들고, 더 큰 명예를 얻기 위해 다른 사람들의 명예를 짓밟는다.

우리가 성공하고 싶어 하는 이유는 성공을 하면 행복해질 수 있기 때문이라고 생각한다. 그런데 큰 성공을 하면 많이 행복하고 작은 성공을 하면 조금 행복할까? 작은 성공에서 행복감을 느낄 수 없는 사람은 더 큰 성공에서도 행복감을 느낄 수 없다. 행복은 혼자만으로는 느낄 수 없는 감정이다. 행복감은 주변 사람들과의 관계 속에서 만들어지는 감정이다. 단순한 만족감이 아니라 눈빛만 나누어도 서로를 위하는 마음으로 가득 찬 그 기운이다.

그렇기 때문에 하루하루를, 순간순간을 행복하게 보내려고 노력하는 사람은 그 자체로 성공한 사람이라고 할 수 있을 것이다. 행복한 성공이란 이렇게 이루어지는 것이다.

2. 목표가 있어야 기회도 있다

지그 지글러는 목표 설정의 조건으로 다음의 네 가지를 제시했다.

첫째, 목표는 커야 한다. 작은 목표는 작은 성취감만 느끼게 할 뿐이다. 목표가 커야 성취감도 크고 자신의 능력을 극대화할 수 있다.

둘째, 목표는 장기적인 것이어야 한다. 단기적인 목표는 일시적인 장애물에 부딪혀도 쉽게 포기하게 된다. 그러나 장기적인 목표는 사소한 문제나 일시적인 장애물에 굴복하지 않고 그것을 극복하여 성취할 수 있다.

셋째, 목표는 구체적이어야 한다. 구체적인 목표가 없는 사람은 자신이 어떤 일을 해야 할지, 또 어떻게 해야 할지 모른다.

넷째, 하루하루의 목표가 있어야 한다. 그렇지 않으면 목표의 실현을 간절히 원하는 강도가 약해지고, 실현시켜 나가는 자세와 행동에 집중력이 떨어지게 된다.

목표가 커야 하고, 장기적이어야 하고, 구체적이어야 하고, 하루의 목표가 있어야 한다는 말이다.

그런데 이 말은 어찌 보면 모순처럼 들린다. 크고 장기적이지만 구체적이고 단기적이라니? 그러나 이 말은 크고 장기적인 최종 목표를 세우고 이를 달성하기 위하여 구체적이고 단기적인 목표를 세우라는 것이다. 예를 들어 사업을 하는 사람은 자신의 능력을 극대화하고 성취감을 크게 느낄 수 있는 커다란 사업목표를 세우고 커다란 목표를 달성할 장기적인 플랜을 세워야 한다. 그리고 이를 달성하기 위해서 어떠한 상품들을 개발할지 등 구체적인 목표를 세워야 한다. 이러한 목표들이 설정되면 하루하루 해야 할 일들을 하루의 목표로 정해 달성해내야 한다. 아무런 생각 없이 닥치는 대로 일을 하는 사람과 이렇게 목표를 설정한 사람 사이에는 커다란 차이가 생긴다. 생각나는 대로 하는 일과 하루하루의 일들이 오롯이 최종 목표를 달성하기 위한 과정이 되는 일은 같을 수 없기 때문이다.

최종의 목표는 크고, 인생을 걸고 성공해야 하는 목표이기에 오랜 시간이 소요된다. 그래서 하루하루를 충실하고 끈기있게 노력하지 않으면 이루기 어렵다.

반대로 하루하루를 인내하고 강한 의지력으로 이겨내면 결국 최종의 목표를 이룰 수 있다는 뜻이기도 하다. 그리고 이를 실천하는 사람에게 기회는 어김없이 나타난다.

목표가 없는 삶은
결승선 없는 경주와 같다

　미국 하버드대학심리연구소에서 65세 정년 퇴직자들을 대상을 설문조사를 실시했는데, 그들은 다음과 같은 네 가지 유형의 삶을 살고 있는 것으로 나타났다.

　첫 번째 유형은 '홀로서기 노인층' 이다. 이들은 설문 응답자 중 3% 였고, 퇴직 후에도 다른 사람에게 의존하거나 얽매이지 않고 부와 명예를 누리며 살아가는 노인들이었다.

　두 번째 유형은 '불편 없는 노인층' 이다. 이들은 설문 응답자 중 10%였고, 별로 불편한 것 없이 퇴직 전과 다름없는 삶을 살아가는 노인들이었다.

세 번째 유형은 '겨우겨우 살아가는 노인층'이다. 이들은 설문 응답자 중 60%였고, 하루하루를 근근이 살아가는 노인들이었다.

네 번째 유형은 '무기력한 노인층'이다. 이들은 설문 응답자 중 27%였고, 자선단체나 구호기관 등의 도움 없이는 살아갈 수 없는 노인들이었다.

연구소는 왜 이런 결과가 나왔는지 알아보기 위해 이들은 만나 다시 설문조사를 실시했다.

첫 번째 유형인 '홀로서기 노인층'은 젊어서부터 구체적으로 목표를 세우고 적극적으로 행동을 옮겼다고 답했다.

두 번째 유형인 '불편 없는 노인층'은 나름대로 인생의 목표는 있었지만 제대로 실천하지 못했다고 답했다.

세 번째 유형인 '겨우겨우 살아가는 노인층'은 성공하고 싶다는 생각은 있었지만 구체적인 목표를 세워보지는 않았다고 대답했다.

네 번째 유형인 '무기력한 노인층'은 아무런 목표도 꿈도 없이 살아왔다고 대답했다.

꿈과 목표가 있는 사람과 없는 사람의 차이는 이렇게 긴 시간이 지난 후 확연하게 드러난다. 시작할 때는 같은 곳에서 출발했지만 시간이 흐르면서 각자 다른 길로 달리게 되고 결승점에 도착했을 때는 서로 너무도 다른 곳으로 도착하게 되는 것이다.

목표가 있는 사람은 그 꿈을 이루기 위해 매 분 매 초 최선을 다하는 삶을 산다. 그러나 아무런 목표도 없는 사람은 그저 하루하루를 살아가는 데 만족한다. 가고자 하는 바가 명확한 사람의 발걸음은 가볍고 힘차지만, 길거리를 배회하는 사람의 발걸음은 마지못해 걷는 걸음처럼 무겁고 흔들린다. 인생을 살아가는 자세도 이와 같다.

목표가 있는 사람은 모든 일에 최선을 다하지만 목표가 없는 사람은 일하는 것 자체가 고문처럼 느껴진다. 하루의 목표가 있는 사람은 아침이 기다려지지만, 아무런 목표가 없는 사람은 아침이 오는 게 두렵다.

목표에 대한 자기확신이 필요하다

지금은 고인이 된 스티브 잡스는 애플 컴퓨터의 설립자이다. 그가 '개인별 컴퓨터를 갖게 하겠다.'는 꿈을 실현하기 위해 애쓰기 시작한 1970년대 중반 컴퓨터 업계는 모두 그를 비웃었다.

최초의 퍼스널 컴퓨터가 나오고 1년이 지난 1977년에도 대형 컴퓨터 회사인 DEC의 회장 켄 올센은 '사람들이 집에 컴퓨터를 갖고 있어야 할 이유가 없다.'고 잘라 말했다. 또 1979년 1월 IBM 회장 프랭크 캐리는 하버드 경영대학원에서 강연을 하면서 '퍼스널 컴퓨터 사업에 진출할 것이냐?'는 질문에 '우리는 세탁기 만드는 회사가 아닙니다.'라고 일축했다.

하지만 스티브 잡스의 판단은 옳았고 그가 생각한 대로 세상은 완전히 변화되었다. 스티브 잡스와 애플은 지금까지도 혁신의 상징으로 여겨지고 있다.

1843년 영국의 에드먼드 힐러리는 에베레스트 산 등정에 실패했다. 사람들은 다음 기회가 있으니 너무 상심하지 말라며 위로했다. 그러나 힐러리는 결코 좌절하지도 상심하지도 않았다.

"에베레스트여, 너는 자라지 못한다. 그러나 나는 자랄 것이다. 나의 힘도, 나의 능력도, 나의 장비도 자랄 것이다. 그리고 나는 다시 돌아올 것이다. 나는 반드시 돌아와 꼭 너를 오르고 말 것이다."

그로부터 10년 후인 1853년, 힐러리는 다시 에베레스트에 도전해서 결국 정상을 밟게 되었다.

남들이 불가능하다고 할 때, 아니라고 할 때도, 자기확신이 있으면 마지막까지 최선을 향해 자신을 밀어붙인다. 남들이 다 안 될 것이라고 했지만 스티브 잡스는 그들이 보는 것 너머를 보고 있었던 것이다. 그래서 확신을 가지고 엄청난 도전을 감행한 것이다. '된다'라고 생각하는 자기확신은 100번 실패해도 101번째 도전을 할 수 있게 만드는 힘이다.

꿈을 이루려고 하는 사람이라면 자신의 꿈에 대한 확신이 있어야 한다. 쉽게 이리저리 흔들리고 작은 일에도 약해지는 사람은 자기확신이 없는 사람이다. 자신을 믿고 자신의 꿈을 믿고 거듭되는 실패에도 줄기차게 재도전하는 사람만이 성공이라는 달콤한 과실을 따먹을 수 있다.

목표가 없으면 실패도 없지만 성공도 없다

　1952년 7월 4일 미국 독립기념일에 카타리나 섬에서 출발, 35킬로미터나 떨어진 캘리포니아 해안까지 수영으로 횡단하겠다고 나선 사람이 있었다. 플로센스 채드윅, 그는 영국 해협을 최초로 수영으로 횡단한 사람이었다.

　거의 16시간 동안이나 쉬지 않고 수영을 해야 하는 인간의 한계에 대한 도전이었다. 채드윅은 구조선의 보호를 받으면서 힘차게 물살을 가르며 달리기 시작했고 그 역사적인 도전을 텔레비전에서 중계하고 있었다.

　그런데 해변으로부터 거의 800미터 정도를 앞두고 안개가 몰려오기 시작했다. 안개는 곧 주위의 구조선들도 희미하게 보일 정도로 짙어졌다. 구조선에 타고 있던 사람들이 800미터 정도만 더 가면 된다고 소리를 지르며 채드윅을 격려했다.

하지만 채드윅은 그들의 격려에도 불구하고 수영을 멈추었다. 포기를 한 것이다.

실의에 빠진 채드윅이 항구에 도착하자 기자들이 물었다.

"800미터 정도만 더 가면 되었는데, 포기하신 이유가 무엇입니까?"

그러자 채드윅이 이렇게 대답했다.

"안개 때문이었습니다. 안개만 없었다면 더 먼 곳까지라도 충분히 갈 수 있었습니다. 그런데 안개 때문에 목표로 삼고 가던 지점이 보이지 않게 되자 더는 힘을 낼 수가 없었습니다."

두 달 후인 9월 4일 채드윅은 재도전에 나섰다. 수온도 낮아졌을 뿐만 아니라 안개는 이미 출발할 때부터 자욱하게 주위를 감추고 있었다. 하지만 채드윅은 16시간의 사투 끝에 해안에 도착했다. 그리고 기자들의 질문에 이렇게 답했다.

"이번에는 내가 가야 할 목표지점을 마음속으로 보고 있었기 때문에 성공할 수 있었습니다."

꿈을 이루는 것이란 결국 작은 목표들을 이루는 것이다. 그런데 이 작은 목표들을 이루는 것도 사실은 쉬운 일이 아니다. 이 작은 목표를 바라보고 가는 길에서조차 우리는 순간순간 목표점을 잃어버리곤 한다. 세상살이가 그렇게 단순하지도 않고 만만하지도 않기 때문이다. 작심삼일이라는 말이 괜히 있는 것이 아닌 것이다. 그래서 책상 앞에 그 목표를 큼지막하게 적어서 붙여놓기도 하고 핸드폰과 pc의 바탕화면에 띄워놓기도 한다.

중요한 것은 욕망의 크기다. 꿈을 이루고 목표를 이루기 위한 욕망의 크기가 크지 않으면, 그리고 의지가 유혹보다 크지 않으면 결코 이루어낼 수 없다. 목표가 생기면 그 목표지점에 오감을 고정해야 한다. 그리고 경마장을 질주하는 경주마처럼 옆으로 눈을 돌리지 않고 달려가야 한다. 첫 번째 작은 목표를 그렇게 이루면 그 다음 목표를 이루는 것은 조금 더 수월해진다. 그리고 한 번의 성공 경험이 두 번째 도전에서 넘어지거나 잠시 한눈을 팔았을 때 바로 일어나고 다시 뛸 수 있는 힘이 된다. 그렇게 되면 당신을 유혹하거나 비웃던 사람들도 기꺼이 박수 치며 당신을 응원할 것이다.

존 고다드는 유명한 여행가이자 탐험가였다. 카약을 타고 나일 강을 한 바퀴 돌기도 하고 킬리만자로 봉우리에도 오르는 등 그의 탐험 기록은 일일이 꼽기도 힘들 정도이다. 또한 고다드는 인류학자로, 영화 제작자로도 명성을 쌓았다. 고다드의 이 모든 일들은 이미 열다섯 살 때인 1940년에 계획해 놓은 것이었다.

어느 날 고다드는 할머니와 숙모가 대화를 나누는 것을 듣게 되었다.

'이것을 내가 젊었을 때 했더라면 좋았을 텐데.' 라고 말하는 할머니와 숙모의 이야기를 듣게 되자 고다드는 문득 어떤 생각이 들었다.

고다드는 곧 수첩을 꺼내 자신이 하고 싶은 것을 적기 시작했다. 목표는 모두 127개였다. 그 가운데는 나일 강과 아마존 강 탐험하기, 에베레스트 산 오르기, 타잔 영화 출연하기, 셰익스피어, 플라톤, 아리스토텔레스의 책 읽기, 성경 읽기, 브리태니커 사전 읽기 등이 있었다.

고다드는 열다섯 살에 아버지와 함께 조지아 주 오커퍼스키소택지를 탐험하는 것을 시작으로 1972년 47세의 나이가 되었을 때 자신이 기록했던 127가지의 목표를 모두 완성했다.

인생에 목표가 없으면 실패도 없지만 성공도 불가능하다. 길을 떠나고 싶은 생각이 없는 사람에게 도착이라는 말이 의미가 없는 것처럼, 인생에 목표가 없으면 실패나 성공 모두 의미가 없다.

그러나 목적 없는 삶은 어디로 갈지 예측할 수가 없다. 어쩌면 파도에 밀리고 다시 밀리며 제자리에서 뱅글뱅글 돌고 있는지도 모른다.

반면 목표가 있는 사람은 그런 상황에서도 목적지로 향하는 바람과 해류를 찾기 위해 목숨을 건다. 성공을 꿈꾸는 사람은 목표가 가지는 의미와 가치를 안다.

　꿈은 모든 목표의 종착지이다. 작은 꿈을 이루고, 작은 성공을 이루는 것은 종착지로 가는 간이역들이다. 꿈이 있는 사람은 긴 인생의 간이역들에서 성공의 기쁨과 꿈을 이룬 성취감으로 충만해진다.

인생에도 계획표가 필요하다

계획표는 학생 시절 방학 때만 필요한 것이 아니다. 이루고 싶은 꿈을 실현하기 위해 인생 전체에도 꼭 필요하다.

일단 꿈이 정해지면 몇 년 후 혹은 몇 살 때까지 실현할 것인지 정하는 게 좋다. 이를 위해서는 먼저 꿈을 명확하게 구체적으로 정해야한다. 그리고 크고 작은 이루고 싶은 꿈들을 정리하고 기록해서 항목으로 분류하는 게 좋다.

긴 시간이 필요하고 어려운 꿈, 간단하고 쉽게 이룰 수 있는 꿈으로나누어서 바로 이룰 수 있는 꿈은 앞에 놓고 어렵거나 긴 시간이 필요한 꿈은 뒤로 배치한다.

이렇게 정리된 연도별 계획표를 눈에 잘 띄는 곳에 붙이고 그 아래 작은 목표들을 자세하게 기록하면 인생 계획표는 마무리된다.

이 작업을 통해 얻을 수 있는 것은 막연한 꿈을 구체적으로 형태로 볼 수 있다는 것이다. 그리고 작은 목표를 이루었을 때마다 표시를 하면서 새로운 도전에 대한 의지를 키울 수 있다.

꿈을 이루는 과정은 길지만 결국은 매일의 하루를 어떻게 보냈느냐에 의해 결정된다. 충실한 하루를 보냄으로써 인생 계획표가 의미를 가질 수 있게 되는 것이다.

아침에 일찍 일어나 여유롭게 하루를 어떻게 보낼 것인가, 오늘 하루의 목표는 무엇인가를 파악하고 시작하면 충실한 하루를 보낼 수 있다. 그리고 잠들기 전에는 오늘을 어떻게 살았는지 돌아보고 다음날의 계획을 세운다. 다음날 해야 할 일을 명확하게 파악하고 있는 사람은 아침을 기다리며 잠자리에 들 수 있다.

오늘의 시간은 오직 오늘에만 쓸 수 있다. 그리고 모든 매일은 바로 오늘이다. 오늘 행복할 수 있는 사람은 평생을 행복할 수 있다.

목표를 장기목표와
단기목표로 나누어라

목표에는 장기적인 것, 단기적인 것이 있다. 그 두 가지는 각기 다른 유형이지만 서로를 보완하도록 구조화되어야 한다. 즉, 단기적 목표는 장기적 목표를 위한 디딤돌이 되어야 하고 장기적 목표는 단기적 목표의 나침반이 되는 구조를 가지고 있어야 크고 장기적이면서도 구체적이고 실행가능한 목표를 설계할 수 있다. 따라서 장기적인 목표는 단기적인 목표에 비해 가능한 한 높게 설정해야 한다. 왜냐하면 그것은 날마다 수많은 기회를 만드는 데 결정적인 역할을 하기 때문이다. 목표가 높을수록 더 많은 기회가 생길 수 있고, 더 많은 기회를 활용할 수 있다. 결국 장기적인 목표를 위해 노력하다 보면 최상의 인생을 만들 수 있는 정보를 소유하게 되는 것이다.

단기적인 목표는 어떤 경우에나 실현 가능한 것이어야 한다. 단기적인 목표를 이루지 못하면, 높게 설정된 장기적인 목표는 아예 달성하기 어려운 것이라고 생각하게 된다. 따라서 실현 가능한 단기적인 목표를 세워 자신에 대한 신뢰를 다져야 한다. 실현된 목표는 삶을 풍부하게 만들어 인생을 변화시킨다. 다시 말해 목표 달성은 용기와 자기신뢰를 쌓는 긍정적인 작용을 하며, 반대로 달성하지 못한 목표는 점점 더 자신을 불신하게 만들고 위축되게 하는 부정적인 역할을 한다.

그리고 하나 더, 중간 목표가 필요하다. 최종 목표를 이루기 위해서는 반드시 중간 목표가 필요하다. 길을 안내하는 도로표지판 같은 역할을 하는 중간 목표를 세우는 일은 장기적인 목표를 이루기 위해 하지 않으면 안 될 일이다. 중간 목표는 최종 목표를 달성하는 데 반드시 필요한 요소이기 때문이다.

에베레스트 정상이 최종 목표라면 베이스캠프는 중간 목표이다. 중간 목표를 설정하게 되면 그것을 정상에서부터 또는 현재 자기가 서 있는 곳에서부터 번호를 매겨 제1, 2, 3, 4단계 목표 등으로 명확히 해놓는 것이 좋다. 이 단계적 목표는 최종 목표를 달성하겠다는 목표의식을 분명하게 해줄 뿐만 아니라 최종 목표를 달성하는 데 필요한 힘과 영양을 보충해 주는 역할을 하게 된다.

글로 적은 목표는
현실에서 힘을 발휘한다

세계적인 만화가인 스코트 애덤스는 한때 낮은 임금을 받는 공장의 말단 직원이었다. 그때 그는 자신의 책상에 하루에도 몇 번씩 다음과 같은 썼다고 한다.

'나는 신문에 연재만화를 그리는 유명한 만화가가 될 거야.'

그의 만화는 수많은 신문사들로부터 계속 거절당하고 있었지만 그는 포기하지 않았다. 그리고 마침내 한 신문사와 만화 연재 계약을 맺게 되었다.

애덤스는 즉시 다음과 같은 문장을 쓰기 시작했다.

'나는 세계 최고의 만화가가 될 거야.'

그리고 매일 열다섯 번씩 이 문장을 썼다고 한다.

그 후 딜버트의 만화는 전 세계적으로 2천 종의 신문에 연재되었고, 그의 홈페이지를 찾는 사람이 하루에 10만 명이 넘는 유명 만화가가 되었다. 뿐만 아니라 그의 '딜버트' 캐릭터로 장식된 커피 잔, 마우스 패드, 탁상 다이어리와 캘린더를 전 세계 어디서나 찾아볼 수 있게 되었다.

목표를 글로 적는다는 것은 자신에게 강한 암시를 거는 것과 같은 효과가 있다. 다음의 경우를 보자.

1953년, 미국의 한 대학에서 졸업반 학생들을 대상으로 한 조사가 있었다. 학생들이 얼마나 확고한 삶의 목표를 가지고 있는지 알아보기 위한 조사였다.

조사 결과는 이러했다. 67퍼센트의 학생들은 아무런 목표도 설정한 적이 없다고 대답했다. 30퍼센트의 학생들은 목표가 있기는 하지만 글로 적어 두지는 않았다고 대답했다. 3퍼센트의 학생들은 자신의 목표를 글로 적어 두었다고 대답했다.

20년 후 추적조사해본 결과, 학창시절에 자신의 목표를 글로 적었던 3퍼센트의 졸업생이 가진 재산이, 나머지 97퍼센트의 졸업생 전부가 가진 재산보다 더 많았다고 한다.

확실한 목표를 설정하고 인생을 사는 사람들은 바라보고 가야 할 목표점이 있기 때문에 쉽게 흔들리지 않는다.

머릿속으로 생각하는 것과 기록하거나 낭송하는 것은 확연한 차이를 보인다. 기록이나 소리내서 말로 하는 것은 자신을 외부로 표현하는 행동이다. 이런 행동을 통해 생각은 현실로 뛰쳐나와 강한 힘을 발휘한다.

자신의 목표를 글로 적어두면 언제나 볼 수 있다. 그리고 볼 때마다 새로운 각오를 다질 수 있고 잊지 않도록 도와주는 역할을 한다. 자신의 책상 앞에는 어떤 목표를 적어서 붙여놓을 것인지 생각해보자.

선택과 집중이 필요하다

배가 고팠던 사자가 사냥을 나섰다. 한참 헤매던 끝에 숲 속에서 깊은 잠에 빠져 있는 토끼를 발견했다. 사자는 침을 꿀꺽 삼켰다.

그런데 마침 근처에서 살 오른 사슴이 지나가고 있었다. 사자는 사슴을 먼저 잡아먹고 싶었다. 토끼는 자고 있으니 사슴을 잡고 난 다음에 다시 와도 좋을 것 같았다. 사자는 전력을 다해 달아나는 사슴을 쫓았다. 하지만 사슴은 엄청난 속도로 달아나버렸다.

"운 좋은 녀석이군. 뭐 토끼라도 잡아먹으면 되니까."

사자는 잠들어 있던 토끼를 생각하며 다시 숲속으로 돌아왔다. 그러나 토끼는 온 데 간 데 없이 사라지고 없었다. 사자가 사슴을 쫓아갈 때 토끼도 잠이 깨어 달아나 버린 것이었다.

　선택과 집중은 성공을 꿈꾸는 모든 사람들의 공통된 성공방식이다. 선택에서 가장 중요한 부분은 자신이 이루고자 하는 부분의 명확한 목표를 설정하는 것이다. 그리고 필요하지 않은 부분들을 생략하는 것이다.

　집중에서 가장 중요한 부분은 끈기이다. 한 가지 일을 시작하면 기어코 끝을 보고야 말겠다는 각오로 달려들어야 한다. 이것저것 이곳저곳 기웃거리며 시간을 보내면 결국 손에 쥔 게 아무것도 없게 된다.

　옛말에 재주가 다양하게 많은 사람은 밥 벌어먹기 힘들다는 말이 있다. 만물박사 중에 전문가 없다는 말도 있다. 세상에서 성공하기 위해서는 한 가지 재주만이라도 특출나야 한다는 뜻일 것이다.

　성공하기를 원한다면 바로 이 선택과 집중의 묘미를 잘 살려야 한다. 어떤 것에도 흔들리지 않는 나침반을 들고 길을 잃지 않아야 한다. 길을 잃기는 쉽지만 한 번 길을 잃으면 다시 찾기는 쉽지 않다.

고집해야 하는 것은 목표이지
수단이 아니다

인생은 언제 어디서 만날지 모르는 장애물들로 가득하다. 예측할 수 없이 돌발적으로 발생하는 장애물은 목표점을 가려서 의지를 약하게 만든다. 그러나 그런 장애물을 하나씩 극복해 나가다보면 그곳에서 또 다른 기회를 만나기도 하고 전환점이 만들어지기도 한다.

에드 푸골은 미국 역사상 가장 위대한 골프 선수 중 한 명이다. 그는 어릴 때 당한 교통사고로 인해 왼팔의 길이가 오른팔에 비해 4센티미터 짧았다. 하지만 그는 골프 챔피언이 되겠다는 꿈을 품게 되었다.

많은 사람들이 허황된 꿈이라고 그에게 충고했지만 그는 그 꿈을 버리지 않았다. 팔의 길이가 남들과 다르다는 것은 아무런 문제가 되지 않았다. 그는 꿈을 이룰 수 있다는 확신을 가지고 남들보다 두 배 세 배 더 열심히 노력함으로써 결국 자신의 꿈을 이루게 되었다.

장애물을 만났을 때 그 장애물을 비켜가는 사람이 있고, 그 장애물을 없애고 가는 사람이 있다. 어떤 방식이든 장애물은 한 사람의 인생에 영향을 미친다.

발상의 전환이라는 말이 있다. 생각의 각도를 비틀면 다르게 보인다는 뜻이다. 실패를 딛고 일어서면 더 큰 목표가 보이는 것처럼 장애물을 겪고 나면 다른 인생이 보인다.

많은 사람들이 성공했지만 그들이 성공에 이르는 길은 다르다. 꿈에 이르는 길 역시 오직 한 길만 존재하는 것이 아니다. 목적지에 다다르기 위한 길은 여러 갈래로 존재한다. 장애물이 존재하면 뛰어넘어 계속 그 길로 가고, 만약 도저히 극복할 수 없는 장애물이라면 다른 길로 가더라도 목적지에 도착하면 그것으로 장애물을 극복한 것이 된다.

고집해야 하는 것은 목표이지 수단이 아니다. 목표에 이르는 수단은 다양하기 때문이다. 그러나 목표에 이르는 방식은 같다. 끊임없는 노력과 강한 의지만이 우리를 목적지로 인도할 것이다.

목표를 간절히 원하라

한 제자가 스승에게 물었다.

"스승님, 지혜를 얻으려면 어떻게 해야 합니까?"

스승은 잠자코 제자를 강으로 데리고 가서 제자의 얼굴을 물속에 넣게 한 다음 뒷목을 눌렀다. 제자는 깜짝 놀라 스승의 손에서 벗어나려고 발버둥을 쳤다. 제자가 거의 기절할 정도에 이르자 스승이 제자의 머리를 눌렀던 손을 풀고 물속에서 건져 주었다. 그리고는 영문을 모르겠다는 표정으로 스승을 바라보고 있던 제자에게 물었다.

"물속에 있을 때 가장 간절했던 것이 무엇이냐?"

제자가 의아한 표정으로 대답했다.

"그건 수, 숨을 쉬는 것이었습니다."

"이제 알겠느냐? 지혜란 그렇게 간절히 원해야 얻을 수 있는 것이란다."

성공도 마찬가지다. 이루고 싶은 꿈이 얼마나 절실한지, 성공하고 싶은 의지가 얼마나 강한지에 따라 그 결과가 나뉘는 것이다.

'걸프전의 검은 영웅'으로 불리는 콜린 파월은 그런 면에서 우리가 본보기로 삼을 만한 인생을 살아온 사람이다.

자메이카 출신인 이 사람은 어렸을 때 늘 가난했고, 학교 성적도 하위권이었다. 그러나 이 소년에게는 남들에게 없는 장점이 있었다. 소년은 정직했고 성실했으며 어떤 시련에도 굴하지 않았다.

그는 고등학교 시절에 코카콜라 회사에서 아르바이트생으로 일했었다. 그런데 어느 날 50개의 콜라 병이 들어있는 상자가 터져서 난장판이 되어 버렸다. 순간 모두 굳어있을 때 그는 즉시 바닥에 꿇어 엎드려 콜라를 닦아내기 시작했다. 그 짧은 순간에도 그는 자신이 즉시 해야 할 일을 바로 판단하고 행동했던 것이다.

그리고 이런 장점들을 발휘해 미국의 합참의장이 되었다.

간절한 소망은 운명을 이긴다. 그리고 불행을 행운으로 바꾼다. 간절히 원하면 온 우주가 뒤에서 돕는다는 말이 있다. 우리는 얼마나 간절히 우리의 꿈이 이루어지길 바라고 있을까?

3. 두려움은 직시하면 그뿐, 지금 당장 실행하라

2002년 월드컵을 기억할 것이다. 4강까지 가는 과정에서 세계 최고의 팀이라고 불려도 손색이 없는 팀들을 만나 선전했던 우리 선수들은 승패와 관계없이 온 국민에게 큰 감동을 주었다.

그때 온 국민이 열광하며 선수들을 응원했던 데에는 세계적으로 유명한 선수들에게 주눅들지 않고 두려움 없이 맞서며 최선을 다해 그라운드를 뛰어다니던 선수들의 모습 때문이었다. 승부란 언제나 승자와 패자로 갈린다. 그래서 패배에 대한 두려움이 사람들을 짓누른다. 두려움에 짓눌린 사람은 자신이 할 수 있는 최선의 것을 다 하지 못한다. 그런데 실패할 확률이 높을수록 두려움은 커지고 그에 따라 사람들은 더욱 무기력해진다.

강자들은 이 사실을 잘 알고 있다. 그래서 약자를 만날 때는 오히려 더 가혹하게 상대를 밀어붙여 상대의 머리에 두려움을 각인시키려 한다. 두려움이 각인되면 그때부터 별다른 노력없이도 언제나 승리를 쟁취할 수 있기 때문이다.

이런 강자와 약자의 악순환은 스포츠에서만이 아니라 우리의 인생에서도 마찬가지다. 두려움에 눌린 사람은 아무것도 할 수 없다. 그들은 신중함이라는 가면 뒤에서 자신의 두려움을 포장하며 살고 있다. 하지만 모든 사람들이 그런 것은 아니다. 그래서 과거의 약자가 강자가 되기도 한다.

이들은 자신을 누르고 있는 두려움의 실체를 포장하지 않고 직시한 사람들이다. 그 결과 두려움의 실체가 자기 자신의 두려움일 뿐이라는 사실을 깨닫는다. 실패로 인해 내가 잃어버리는 것은 단지 승리하기 위한 노력일 뿐이다. 그런데 실패로 인해 그 노력은 모두 물거품이 되지 않고 다음의 승리를 위한 소중한 자산이 된다. 그러므로 결국 실패로 인해 내가 잃어버리는 것은 없고 오직 두려움만이 존재한다는 사실을 알게 된다. 그래서 이들은 두려워하지 않고 언젠가는 승리하리라는 확신을 가지고 최선을 다해 실천한다.

물론 최선을 다한다는 것은 자신과의 외로운 싸움이고 어렵고도 힘든 싸움이다. 언제나 성공이 보장되는 것도 아니다. 하지만 두려움을 직시하고 최선을 다해 싸운 사람은 실패하더라도 다시 도전하겠다는 결기가 남는다. 그 결과 그는 언젠가 반드시 기회를 잡게 되는 것이다.

믿음과 실천이라는 쌍두마차

호수에서 작은 배로 승객을 실어 나르는 한 늙은 선원이 있었다. 그 노인의 한쪽 노에는 '믿음', 다른 쪽 노에는 '실천'이라는 글자가 새겨져 있었다. 한 승객이 호기심이 일어 노인에게 물었다.

"왜 노에 두 가지 글자를 쓴 겁니까?"

그러자 노인이 대답과 동시에 노를 젓기 시작했다.

"자, 한번 보십시오."

노인은 '믿음'이라는 노를 힘차게 저었다. 배는 원을 그리며 제 자리에서 맴돌았다. 이번에는 '실천'이라는 노를 저었다. 역시 배는 반대 방향으로 원을 그리며 맴돌 뿐이었다. 이번에는 두 개의 노를 함께 저었다. 배는 물살을 가르며 쏜살같이 앞으로 나아갔다. 노인은 승객을 향해 잔잔한 미소를 보냈다.

꿈을 꾸는 사람은 누구나 성공에 대한 확신을 가진다. 그리고 그 확신이 있어 어떠한 어려움에도 굴하지 않고 전진한다. 성공에 대한 확신은 자기 자신에 대한 확신이기도 하다. 자신에 대한 믿음, 성공의 확신에 대한 믿음이 계속 앞으로 나아가게 하는 것이다.

이 확신은 곧 행동으로 이어진다. 확신에 찬 행동을 하는 사람은 언제 어디서나 당당하고 남의 눈치를 살피지 않는다. 그리고 어떤 어려운 일이 닥쳐도 고개를 숙이지 않는다.

사람들은 말로는 세상 모든 일을 다 할 수 있을 것처럼 말한다. 집 앞의 바위산도 들었다 놓았다 한다. 하지만 생각만으로는, 말만으로는 아무것도 할 수 없다. 그래서 사람을 판단할 때는 그의 말이 아니라 그의 행동을 보고 판단해야 한다.

그 중에서도 가장 믿을 수 있는 사람은 행동으로 먼저 보이고 그 다음 말로 설명하는 사람이다. 그들은 행동이야말로 사람을 판단할 수 있는 가장 중요한 척도라는 것을 알고 있는 현명한 사람들이다. 그들이 하는 말이라면 곧이곧대로 받아들여도 좋을 만큼 그들은 믿을 만한 사람이다.

우리도 마찬가지다. 우리도 마찬가지 기준으로 다른 사람들에 의해 판단되고 있다. 따라서 다른 사람들에게 믿음을 주고 싶다면 먼저 행동으로 보여야 한다.

무엇보다도 자기 자신에게 신뢰받는 사람이 되어야 한다. 스스로에 대한 믿음이 없는 사람은 누가 보아도 알 수 있다. 믿음이 없는 사람은 쉽게 흔들리고 쉽게 주저앉는다. 쉽게 갈등하고 쉽게 포기를 이야기한다. 스스로에게 그리고 사람들에게 믿음을 얻지 못하는 사람은 성공으로 가는 길이 마치 한밤중에 첩첩산중을 가는 것처럼 외롭고 적막하다.

자신에 대한 확고한 믿음을 가진 사람에게는 다른 사람들도 믿음을 주기 마련이다. 그러므로 먼저 자신을 믿는 연습부터 시작하자.

적극성은 목표 달성의
필수적인 수단이다

목표를 이루는 데 임하는 자세는 매우 중요한 역할을 한다. 적극적으로 나서려는 의지가 없으면 목표를 달성할 수단이 없어진다. 목표에 이를 수단이 없으니, 목표 자체가 의미를 잃게 되는 것이다.

미국 콜로라도 주 스프링필드 근처에는 아주 험한 고갯길이 있었다. 길이 너무 험해 차들이 지레 겁을 먹고 멀리 돌아가는 길을 택하기 시작하자 그 길은 마침내 폐쇄될 위기에 처하게 되었다.

그런데 누군가가 고갯길 입구에 '당신은 할 수 있다.' 라고 쓰인 팻말을 세워놓았다. 그러자 그 뒤부터는 돌아가려던 차들이 하나 둘 이 팻말을 보고 용기를 내서 고갯길을 넘었다고 한다. 할 수 있다고 생각하는 순간 그 고갯길은 이미 넘어가기 불가능한 길이 아니었던 것이다.

이 적극적인 자세는 현재의 일에 반영되고 이는 곧 미래를 움직이는 힘이다.

미국의 자동차 산업을 일으킨 찰스 키터링은 80세가 넘어서도 새로운 기계를 발명하는 등 모든 일에 적극적이었다.

83회 생일이 되자 그의 아들이 진지하게 말했다.

"아버지, 이제는 좀 쉬세요."

그러자 키터링이 이렇게 대답했다.

"오늘만 생각하는 사람은 흉하게 늙는단다. 나는 항상 미래를 바라보고 살지."

목표를 이루는 일은 미래의 일이고, 우리가 노력하는 시간은 언제나 현재다. 우리는 현재를 살면서 미래를 바라보고 사는 존재이다.

현재는 항상 새로운 목표를 제시한다. 적극적이고 진취적인 생각만이 현재의 문제를 해결할 수 있다. 그래서 미래를 준비하는 가장 확실한 수단은 적극적인 사고방식과 행동이라고 할 수 있을 것이다.

물방앗간 심부름꾼으로 시작해서 온갖 고생을 다 겪은 뒤 큰 부자가 된 사람이 있었다. 그에게 한 사람이 찾아와 물었다.

"성공 비결이 무엇입니까?"

"첫째, 절대로 술을 마시지 말 것, 둘째, 고생되는 일이라도 피하지 말고 부지런히 일할 것, 셋째, 자신과 미래를 믿고 걱정하지 말 것. 이 세 가지가 오늘의 저를 만든 것입니다."

그러자 그가 고개를 갸우뚱거리며 다시 물었다.

"그거야 누구나 다 아는 이야기 아닙니까?"

부자가 웃으면서 말했다.

"맞아요. 하지만 알고 있다는 것은 중요하지 않습니다. 누구나 다 아는 평범한 진리라도 실천하지 않는다면 그게 무슨 소용이 있겠습니까? 정말로 중요한 것은 작은 것 하나라도 행동으로 옮기는 것입니다."

소극적인 사람은 좋은 아이디어가 떠올라도 실패가 두려워 행동으로 옮기지 못한다. 하고 싶은 일이 있어도 쉽게 하지 못하고 주변의 눈치를 살핀다. 자신감도 없어서 그저 그런 평범한 생활에 만족하면서 하루하루를 살아간다.

하지만 적극적인 사람은 좋은 아이디어가 떠올랐을 때 바로 행동으로 옮긴다. 주위의 눈치를 살피지 않고 실패를 두려워하지 않으며 자신감이 충만해서 어떤 상황에서도 의지가 꺾이지 않는다.

꿈을 이루고 성공에 도전하려는 사람이라면 누구나 이러한 행동력이 있어야 한다. 잠시도 주춤거리지 않고 바로 목표를 향해 돌진하는 이 적극적인 행동이야말로 꿈을 이루고 싶은 사람이라면 꼭 가져야 할 덕목이다.

신중함은 안전하기는 하지만 우유부단해지기 쉽다. 빠르게 결정하고 적극적으로 행동하는 것이 성공으로 가는 지름길이다.

가장 잘할 수 있는 것을 찾아라

미국의 유명한 수공예 바구니 제작회사인 롱거버거 사의 창업자 데이브 롱거버거. 그는 어린 시절에 다른 아이들에게 놀림을 받던 열등생이었다. 롱거버거의 집안은 할아버지와 아버지를 이어 바구니 짜는 일을 하던 집안이었다. 그는 선천적으로 간질이 있었고, 글을 제대로 읽지 못하는 난독증이 있었고 게다가 말도 더듬는 아이였다.

어느 날 롱거버거는 그래도 자신이 잘할 수 있는 일이 있지 않을까 하고 생각했다. 곰곰이 생각에 빠진 롱거버거는 생각 외로 자신이 잘할 수 있는 일들이 있다는 것을 발견했다.

'나는 다른 아이들보다 눈도 더 잘 치우고 잔디도 더 예쁘게 깎을

수 있어. 그리고 바구니 만드는 일이라면 누구보다도 잘할 수 있어.'

그는 고등학교를 졸업하자 바구니 만드는 일을 시작했고 얼마 후 회사를 세울 수 있었다. 롱거버거 사의 아름다운 수공예 바구니는 사람들의 입소문을 타고 날개 돋친 듯 팔려나갔다.

이후 롱거버거는 바구니 모양의 건물을 지어 견학을 할 수 있는 작업장과 골프장 레스토랑 등 편의시설과 오락시설을 갖추게 되었다. 덕분에 오하이오의 조그만 시골마을은 관광명소로 탈바꿈하게 되었다.

모든 것을 다 잘하는 사람은 드물지만 한 가지를 잘하는 사람은 많다. 사람들은 자신이 잘할 수 있는 것보다 잘 못하는 것에 집중하는 경향이 있다. 잘 못하는 것은 조금만 잘 못해도 금방 눈에 띄지만, 잘하는 것은 조금 잘해서는 사람들 눈에 띄지 않기 때문이다.

그러나 천재도 잘하는 것을 더 잘하려는 노력 없이 저절로 만들어지지는 않는다. 이제 자신이 남들보다 조금이라도 잘하는 것, 좋아하는 것을 찾아 계발하고 노력한다면 그 분야에서 반드시 성공할 수 있을 것이다.

두려움과 정면으로 승부하라

실패 뒤에는 항상 견디기 힘든 좌절감이 찾아온다. 정말 다시 시작해도 괜찮은 걸까? 또 실패하면 어떻게 하지? 앞으로 얼마나 더 많은 실패를 겪어야 하는 걸까?

꿈을 이루는 과정은 실패와 성공 두 가지가 기차의 레일처럼 같이 깔려 있다. 한쪽 발은 실패에 한쪽 발은 성공에 걸치고 가는 것이다. 그래서 도전은 아름다운 것이다. 이 길을 무사히 통과할 수 있는 방법은 한 가지다. 꿈이 이루고야 말겠다는 강한 의지와 스스로 성공에 대해 확신하는 것이다.

실패할지도 모른다는 두려움으로 손 놓고 있는 것보다, 설령 실패하더라도 어떤 일이든 시도할 때 얻을 수 있는 것이 더 많다. 중요한 것은 실패가 반복되더라도 차츰 성공에 가까워지고 있다는 사실이다. 문제를 피해 가는 것이 아니라 정면으로 부딪혀 뚫고 나갈 때 인생은 더 많은 기회를 제공한다.

윈스턴 처칠이 말했다.

"비관론자는 매번 기회가 찾아와도 고난을 본다. 그러나 낙관론자는 매번 고난이 찾아와도 기회를 본다."

무슨 일이든 자신감을 가지고 부딪치면 좋은 기회를 잡을 수 있다. 걱정하던 일도 막상 뚜껑을 열고 보면 아무것도 아닌 경우가 많다.

그래도 걱정이 된다면 어니 젤린스키의 말을 되새겨 보자.

"걱정의 40퍼센트는 절대 현실에서 일어나지 않는다. 30퍼센트는 이미 일어난 일에 대한 것이다. 22퍼센트는 사소한 것이다. 4퍼센트는 우리 힘으로는 어쩔 도리가 없는 일에 대한 것이다. 오직 4퍼센트만 우리가 바꿔놓을 수 있는 일에 대한 것이다."

불안감과 실패에서 오는 좌절감을 극복하는 최선의 방법은 그 불안감의 실체와 실패의 원인을 분석하고 다시 한번 정면으로 부딪혀 보는 것이다.

작은 행동이 운명을 변화시킨다

세상에는 행동이 먼저인 사람이 있고 생각이 먼저인 사람이 있다. 행동이 먼저인 사람은 매사에 적극적이지만 실수하기 쉽다. 생각이 먼저인 사람은 실수할 일이 적지만 행동해야 할 때를 놓치는 경우 많다.

독일의 철학자인 임마누엘 칸트는 매우 논리적이고 신중한 사람이었다. 하지만 반대로 보면 그는 매사에 신속한 결단을 내리지 못하는 우유부단한 성격을 가진 사람이었다.

칸트는 한 여인과 사귀고 있었는데 그 여인은 칸트가 구혼을 하지 않고 계속 미루는 것에 화가 났다. 그래서 여인이 먼저 칸트에게 구혼을 했다.

"저와 결혼해 주시겠어요?"

그러자 칸트가 이렇게 대답했다.

"생각할 시간을 좀 주시겠습니까?"

그때부터 칸트는 결혼에 대해 연구하기 시작했다. 결혼에 대한 자료들을 찾고 찬성과 반대의 글을 읽으며 결혼이 무엇이고 해야 할지 말아야 할지 조사하기 시작했다. 그리고 최종적으로 결혼을 하기로 결정을 내렸다.

칸트는 여인의 집으로 찾아가 문을 두드렸다. 그러자 여인의 아버지가 나타나 이렇게 말했다.

"너무 늦었어. 내 딸은 이미 세 아이의 어머니가 됐다고!"

심사숙고하는 것도 중요하다. 하지만 결국 모든 것을 변화시키는 것은 행동이다. 생각은 짧게 행동은 빠르게 하는 습관이야말로 우유부단한 사람의 변화를 위한 첫 번째 습관일 것이다.

운명을 바꾸는 변화는 의외로 작은 일에서 시작된다. 작은 인연이 큰 기회를 만들기도 하고 작은 습관이 큰 행운을 부르기도 한다. 행운도 불행도 혼자 오지 않는다는 말이 있다. 작은 행운은 큰 행운과, 작은 불행은 큰 불행과 함께 다닌다는 뜻이다.

에이브러햄 링컨은 어린 시절 아버지의 눈을 피해 책을 읽어야 했다. 가난한 통나무집에 사는 주제에 농사짓기보다는 책 읽기를 즐기는 아들이 늘 못마땅했던 것이다.

"어서 쟁기 들고 따라오너라."

그럴 때마다 링컨은 책을 호주머니에 넣고 밭으로 나갔다. 그리고 밭을 갈다가 말이 쉬는 그 작은 틈을 타서 책을 읽었다.

이런 독서 습관은 정규교육을 받지 못한 링컨이 대통령의 자리에까지 오르는 데 큰 힘이 되었다.

링컨은 대통령이 되어서도 책을 손에서 놓지 않았고, 그 힘으로 미국 역사상 가장 위대한 일로 꼽히는 노예해방이라는 업적을 이루었다.

링컨은 스토 부인이 쓴 '톰 아저씨의 오두막집'이라는 소설을 읽고, 노예해방에 대한 인식과 각성을 새롭게 했다고 한다.

삶에 큰 변화를 일으키는 것은 이렇게 작은 행동에서 시작된다. 마치 뿌려 놓은 씨앗처럼 점점 자라서 꽃을 피우고 열매를 맺게 되는 것이다.

생각만으로는 우리의 삶이 변화되지 않는다. 삶을 변화시키는 것은 거창한 사상이 아니라 작은 실천이다. 행동만이 우리의 삶을 극적으로 변화시켜 놓을 수 있는 것이다.

일단 시작한 일은 끝장을 보라

용두사미라는 말이 있다. 일의 시작은 거창하지만 결과는 흐지부지 되어버린다는 뜻이다. 아무리 목표가 훌륭하고 의도가 탁월하다 해도 중간에 그만 두면 아무것도 얻을 수 없다.

아프리카의 원주민 중에는 작은 화살에 독을 묻혀 사냥하는 부족이 있다. 그들은 사냥감에 가까이 접근해 화살을 쏘고 독이 퍼져 쓰러질 때까지 몇 시간이고 뒤를 쫓는다. 이 집요한 추적에서 어떤 사냥감도 빠져나갈 수 없다.

이 탁월한 사냥꾼들처럼 목표를 정하면 끝까지 포기하지 않는 근성 이 필요하다. 그리고 적당한 사냥감을 고르는 눈도 필요하다.

목표 설정은 매우 중요하다. 자신이 할 수 있는 것보다 낮게 잡으면 성취감도 낮아지고 다음 목표 설정이 힘들어진다. 목표를 설정할 때는 자신이 할 수 있는 한계보다 조금 높게 설정하는 게 좋다. 지나치게 목표를 높게 설정하면 스스로 포기할 수밖에 없는 상황이 만들어질 수 있다. 이는 또한 다음 목표 설정을 어렵게 만든다.

목표가 설정되면 최선을 다해서 마치 경마장의 경주마처럼 앞만 보고 질주해야 한다. 경주마들은 경주를 할 때 가림막으로 눈의 양쪽 시야를 가려놓는다. 오로지 결승점만을 바라보고 뛰게 하기 위해서이다. 일단 출발하면 결승점에 도착할 때까지는 오로지 자신과의 싸움만 남을 뿐이다. 인생의 경기에서는 우승이 목표가 아니라 완주가 목표이기 때문이다.

성공하는 사람들은 미래에 대한 목표가 긍정적이며, 지나치게 무리한 목표를 설정하지 않는다. 도저히 불가능한 목표를 설정하는 것은 오히려 성공으로 가는 길을 완주하는 데 독이 되기 때문이다. 그리고 어떤 어려움이 닥쳐도, 장애가 있어도 반드시 그것을 실현할 수 있다는 자신감을 잃지 않는다. 또한 고난과 좌절을 극복하고 목표를 이루기 위해 인내와 끈기를 가지고 자신과 싸운다. 그들은 일단 결정하고 시작한 일은 끝장을 보는 습관을 갖고 있는 것이다.

돋보기로 태양빛을 모으는 것처럼 집중하라

뉴욕대학의 학장이었던 로빈슨 박사는 한 모임에서 자신은 하고자 하는 일이 있으면 무엇이든 잘할 수 있다고 장담했다. 이 말을 들은 한 사람이 물었다.

"박사님께서는 음악적인 소양이 전혀 없으신 걸로 아는데, 그럼 박사님은 그 자신감만으로 어떤 악기라도 연주하실 수도 있다는 것입니까?"

그러자 로빈슨 박사가 자신있게 다음과 같이 물었다.

"물론입니다. 제게 시간을 조금만 주신다면 여러분께 악기 연주를 들려드리겠습니다. 자, 제가 어떤 악기를 연주하기를 원하십니까?"

그러자 그 모임에 참석하고 있던 음악가들이 악기 중에서도 연주하기가 어렵다는 첼로를 연주하도록 정해주었다. 그리고 시간은 6개월을 주겠다고 제시했다. 그리곤 이건 절대 불가능한 일이라고 생각했다.

그러나 로빈슨 박사는 여유있게 웃으면서 다음과 같이 말했다.

"좋습니다. 그런데 6개월은 너무 긴 것 같습니다. 보통은 한 달 정도면 되는데, 제가 좀 바쁘니 두 달이면 충분할 것 같습니다."

이 말을 들은 사람들은 어이없다는 표정으로 로빈슨 박사를 쳐다보았다. 두 달 연습해서 첼로를 연주하겠다는 장담에 모두들 믿기 어려웠다.

하지만 두 달 후 그들은 참으로 놀라운 장면을 보게 되었다. 로빈슨 박사는 모임의 사람들뿐만 아니라 5천여 명의 관중들 앞에서 능숙하게 첼로를 연주해 보였던 것이다.

사람들이 그 비결을 묻자 로빈슨 박사는 이렇게 대답했다.

"나는 첼로를 잘 연주하는 친구에게서 초보적인 연주법을 배웠습니다. 그리고 책을 보며 두 달 동안 쉬지 않고 연습했습니다. 그것뿐입니다. 꼭 해내고 말겠다는 굳은 결심을 한 다음 열심히 연습한 것입니다. 하나의 목표를 설정하고 그것에 온 정신을 집중하면 그 목표가 이루어지는 것은 당연한 것입니다."

집중력이 약한 사람은 노력의 결실을 쉽게 얻을 수 없다. 종일 바쁘기만 할 뿐 결과물은 나오지 않는 사람과 같다.

집중력은 마치 돋보기로 태양빛을 모으는 것처럼 에너지를 모으는 것이다. 그래서 집중력이 강한 사람은 같은 힘으로도 더 많은 에너지를 발휘할 수 있다.

집중력이 약한 사람은 한 가지 일에 오랜 시간 몰입하는 힘이 없다. 쉽게 흥미를 잃고 여기저기 기웃거리게 된다. 그래서 분주하게 움직일 수밖에 없고 깊이 있는 결과물을 만들어낼 수 없다.

성공한 사람들은 집중력이 강했던 사람들이다. 강한 집중력으로 적절하게 시간과 일을 배분해서 정확하게 해결했다. 그들의 집중력은 타고난 것이 아니라 만들어진 것이다. 그들의 집중력을 만든 것은 인내와 끈기였다. 버티는 힘을 키우면 결국 미는 힘도 강해지는 법이다.

상황판단과 임기응변으로
위기를 관리하라

독일의 초대 재상이었던 비스마르크는 젊은 시절 사냥을 무척 좋아했다. 어느 날 친구와 함께 사냥을 나갔는데 산길을 오르내리면서 짐승을 쫓다 정신없이 숲을 헤치고 다니던 중, 친구가 실수로 그만 수렁에 빠지고 말았다.

친구는 빠져 나오려고 허우적거렸지만, 그럴수록 점점 더 수렁으로 빠져 들어가고 있었다. 친구가 빠진 곳은 총대도 닿지 않아 비스마르크는 발을 동동 구르지 않을 수 없었다. 친구의 몸은 이미 수렁 속에 잠기고 목까지 잠기고 있었다.

"여보게, 어서 나 좀 살려주게!"

친구가 살려달라고 소리쳤지만 비스마르크는 어찌할 도리가 없었다. 친구가 다시 비스마르크에게 다급하게 소리쳤다.

"어서 살려달란 말일세!"

원망스런 눈초리로 쳐다보며 애원하는 친구를 구하고는 싶었지만 마땅한 방도가 떠오르지 않았다. 그는 잠시 생각에 잠기더니 갑자기 손에 쥐고 있던 총을 들어 그 친구를 겨누었다.

"아니, 자네 무슨 짓인가? 날 죽일 작정인가?"

"자네를 구하려고 손을 내밀었다가는 나까지 빠져 죽고 말 것이네. 그러니 손을 내밀 수도 없고 죽을 자네를 그냥 내버려 둘 수도 없으니 친구로서 자네의 고통을 조금이라도 덜어주려는 날 이해하게. 죽어서라도 내 우정을 잊지 말게나."

비스마르크는 실탄을 장전하고 방아쇠를 당기려고 했다.

믿었던 친구의 갑작스런 행동에 놀란 친구는 총구를 피하려고 있는 힘을 다해 허우적거리며 살려고 발버둥쳤다. 그 바람에 늪 가로 조금씩 움직이며 마침내 수렁에서 빠져 나오게 되었다.

그제서야 비스마르크는 친구에게 다가가 친구를 끌어안으며 이렇게 말했다.

"오해하지 말게. 내가 아까 총으로 겨눴던 것은 자네의 머리가 아니고 자네의 살려고 하는 의지였네."

사람들은 살면서 무수하게 다양한 상황들을 만나게 된다. 도대체 이해가 안 되는 상황을 만나기도 하고, 도저히 해결할 수 없는 불가항력의 상황을 만나기도 한다. 이럴 때 필요한 것이 상황판단력과 임기응변이다. 이 두 가지는 위기에 닥쳤을 때 자신을 보호할 수 있는 최고의 무기다.

상황판단력은 도대체 이런 일이 일어난 원인이 무엇이고 해결방법은 무엇인지를 짧은 시간에 판단할 수 있는 능력이다. 아무리 큰 위기가 오더라도 상황판단이 뛰어난 사람은 어떻게 해서든 그 위기를 넘긴다.

임기응변은 재치있게 곤란한 상황을 모면하는 능력이다. 임기응변이 뛰어난 사람은 순간적인 기지를 발휘해 위기상황을 기회상황으로 바꿔놓기도 한다. 하지만 임기응변은 임시변통일 뿐 근본적인 해결책이 되지는 못한다.

그러나 상황판단력과 임기응변, 이 두 가지만으로도 어지간한 위기는 모면할 수 있다.

기회를 부르는 성공의 법칙

파레토의 법칙

'80:20의 법칙'이라고 불리는 파레토의 법칙은 '전체 결과의 80%가 전체 원인의 20%에서 발생한다'는 것이다. 그 예를 보자면 다음과 같다.

● 즐겨 입는 옷의 80%는 옷장에 걸린 옷의 20%에 불과하다.

● 20%의 운전자가 전체 교통위반의 80% 정도를 차지한다.

● 20%의 범죄자가 80%의 범죄를 저지른다.

● 성과의 80%는 근무시간 중 집중력을 발휘한 20%의 시간에 이뤄진다.

● 20%의 고객이 백화점 전체 매출의 80%에 해당하는 쇼핑을 한다.

● 1985년에 보고된 세계 GDP보고서에 의하면 상위 20%의 부유층이 전체 수입의 82.70%의 비율을 지니고 있다.

● 전체 매출액 중 80%의 매출은 상위 20%의 우수제품에서 나온다.

● 일개미 집단에서 20%의 일개미만 일하고, 나머지 80%는 놀고 있다. 그리고 열심히 일하는 20%의 일개미를 따로 모아 집단을 만들면 또 그 집단 안에서 열심히 일하는 20%의 일개미와 놀고 있는 80%의 일개미가 존재한다.

● 80%의 가치 있는 인간관계는 20%의 인간관계에서 나온다.

도도새의 법칙

    도도새는 인도양의 작은 섬 모리셔스에 살았던 새였다. 모리셔스는 자연환경이 좋아서 먹이가 사방에 널려있는 데다가 천적마저 없었다. 먹이가 풍부하고 천적도 없다보니 도도새는 굳이 날개가 필요가 없었다. 그래서 나무 위가 아닌 땅에 둥지를 틀었고, 땅에 떨어진 과일을 먹고 살았다.

    1505년 포르투갈인들이 무인도였던 이 섬에 최초로 발을 들여놓았는다. 오랜 항해로 신선한 고기를 먹을 수 없었던 선원들에게 도도새는 쉽게 구할 수 있는 고기였다. 날지 못할 뿐만 아니라 사람을 보고도 멀뚱하게 서 있을 뿐 도망가지 않는 이 새들을 보고 포르투갈 사람들이 '바보, 멍청이'라는 의미로 붙여준 이름이 바로 '도도'였다.

    이후 섬에 사람들의 발걸음이 점차 늘어나고 다른 포유동물인 생쥐, 돼지 그리고 원숭이들이 들어와 도도새의 알을 먹어치우기 시작하자 결국 1681년에 마지막 도도새의 죽음으로 멸종하고 말았다.

    도도새처럼 주어진 환경 속에서 편안함만 추구하며, 세상의 변화에 맞춰 스스로 진화하려는 노력을 하지 않아 실패자가 되는 현상을 '도도새의 법칙'이라고 한다.

깨진 유리창의 법칙

1969년 스탠포드 대학의 심리학자 필립 짐바르도 교수는 매우 흥미있는 실험을 했다. 그는 치안이 허술한 골목에 두 대의 자동차를 보닛을 열어놓은 채로 1주일 동안 두었다. 한 대는 보닛만 열어 놓았고, 다른 한 대는 일부러 창문을 조금 깬 상태로 놓아 두었다.

보닛만 열어둔 자동차는 1주일 동안 어떤 변화도 일어나지 않았다. 하지만 유리창을 깬 상태로 놔둔 자동차는 겨우 10분만에 배터리가 없어졌고 타이어도 전부 없어졌다. 낙서가 계속되었고 주변에는 쓰레기가 버려졌으며 결국 1주일 후에는 완전히 고철 상태가 될 정도로 파손되고 말았다. 깨진 유리창 하나가 두 자동차 사이에 얼마나 많은 변화를 가져다 주는지를 알게 해준 실험이었다.

깨진 유리창의 법칙은 사람들의 삶에도 매우 유사하게 적용이 된다. 아주 작은 부분의 차이가 시간이 지나면서 큰 차이로 벌어지는 것은 종종 목격되는 일이다. 사소한 것을 명확하게 해결하지 않으면 그것으로부터 얼마나 큰 결함이 만들어지는지는 경험해본 사람이라면 누구나 알 수 있다. 그래서 성공한 사람들은 대부분 이런 사소하고 미세한 부분들의 문제를 발견했을 때도 큰 문제들을 해결할 때와 마찬가지도 최선을 다하는 것이다.

끌어당김의 법칙

끌어당김의 법칙 The Law of Attraction 은 『시크릿 Secret』이라는 책으로 인해 상당히 유명해진 개념이다. 간단히 설명하자면, 모든 것들은 자석과 같아서 내가 그것을 계속 상상하고 염원한다면 그것이 내 삶에 일어난다는 이야기다.

'모든 것은 자석과 같아서, 동일한 성질을 지닌 것들끼리는 끌리게 된다.'라는 것이다. 즉, 부유한 사람에게는 자연스럽게 더 많은 부가, 인기가 많은 사람들에게는 자연스럽게 인기가 끌려오게 된다는 것이다.

1만 시간의 법칙

신경과학자 다니엘 레빈틴은 자신의 연구를 토대로 두뇌가 진정한 숙련자의 경지에 도달하기 위해서는 1만 시간 정도의 시간이 필요하다는 결론을 내렸다. 작곡가, 야구선수, 소설가, 피아니스트 등 다양한 분야에 대한 조사 결과 1만 시간 이하의 연습시간으로 세계 수준의 전문가가 없었기 때문이다. 즉, 일정 수준 이상의 재능을 가진 가진 사람이 1만 시간 이상을 연습해야 세계 최고의 반열에 오를 수 있다는 성공의 법칙이다. 물론 1만 시간의 연습을 하기 위해서는 본인의 재능뿐만 아니라 외부 조건의 지원이 필요하다는 것도 하나의 조건일 것이다.

마셜 필드의 성공의 법칙

- 시간을 헛되어 낭비하지 않는다.
- 무슨 일이든지 중간에 포기하지 않는다.
- 나태하지 않고 열심히 일한다.
- 복잡하게 생각하지 않고 단순명료하게 산다.
- 자기 자신은 물론 남을 속이지 않는다.
- 어떤 일이든 무관심하지 않고, 모르면 알려고 노력한다.
- 누구의 잘못이든 결과가 좋지 않을 경우 책임을 회피하지 않는다.

카네기의 성공 비결

- 열등의식을 가지거나 자신에 대해 과소평가하지 말라.
- 항상 지름길만 택하려 하지 말라.
- 다른 사람이나 환경에 책임을 떠넘기지 말라.
- 목표를 분명하게 잡아라.
- 모방보다는 독창력을 추구하는 삶을 살아라.
- 과거에 집착하지 말라.
- 포기하지 말고 인내하라.
- 어떤 일을 할 때 한 번 더 생각하라.

실패를 성공으로 만드는 법칙

- 자기 확신을 가져야 한다.
- 최상의 자기 모습을 상상한다.
- 자신을 다른 사람과 비교하지 않는다.
- 늘 사물의 밝은 면을 보도록 노력한다.
- 적극적인 자세를 가진다.
- 실패를 통해 배우려는 자세를 가진다.
- 실패에 대한 집착을 버린다.

CHAPTER 3
큰 기회를 부르는
작은 습관

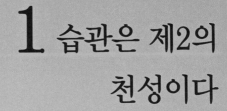

1 습관은 제2의 천성이다

이른바 천성이란 타고나는 것이라고 말한다. 유전학적인 특성으로 인해 특정한 행동패턴이나 취향, 사고방식이 만들어진다는 것이다. 그리고 여기에 성장환경의 영향이 더해지면 하나의 습관이 만들어진다.

우리는 길을 걸으면서도 머릿속으로는 다른 생각을 할 수 있다. 계단을 오르거나 문을 열고 닫는 행동에는 의식적인 노력이 필요하지 않다. 악기를 처음 배울 때는 손가락을 의식적으로 움직여야 하지만 어느 정도의 훈련을 거치면 반사적으로 손가락이 특정한 코드를 누르게 된다. 컴퓨터의 키보드로 문자를 입력할 때도 우리의 손가락은 마치 저절로 움직이는 것처럼 느껴진다. 악기를 다루거나 키보드로 입력을 하는 행동은 훈련을 통해 만들어진 행동패턴이다.

이렇게 습관이라는 것은 만들어질 때까지는 노력과 시간이 필요하지만, 한번 만들어지면 몸에 잘 맞는 옷을 입고 있는 것처럼 편해진다.

습관은 몸에만 만들어지는 게 아니다. 생각하는 방식도 습관이다. 몸에 붙이는 습관은 생각의 습관을 바꾸는 것에 비하면 쉬운 일이다. 몸의 습관은 본인도 알고 주위도 알기가 쉽다. 그러나 생각의 습관은 남들은 조금씩 알아챌 수 있지만 본인은 전혀 모르는 경우가 많다.

대부분의 사람들은 자신이 옳다고 믿는 것에 대해서는 다른 사람의 의견을 무시하는 경향이 있다. 그래서 다른 사람들은 왜 그렇게 생각하는지 이해할 수가 없다. 그러나 그 사람도 본인과 마찬가지로 자신의 생각이 옳다고 생각한다. 그래서 의견 충돌이 생기고 토론의 필요성이 제기되는 것이다. 그러므로 언제나 자신의 생각을 돌아보고 객관적으로 바라보려는 습관을 만들 필요가 있다. 또한 생각의 습관을 바꾸면 행동의 습관을 바꾸는 일은 그리 어렵지 않게 된다.

그런데 정말 자신의 모든 생각이 항상 정확히 옳은 것일까? 혹시 내 생각이 잘못된 것은 아닐까? 이런 생각을 통해 사람들은 조금씩 더 현명해진다는 사실을 알아야 한다.

생각의 습관을 바꾸면 전혀 다른 인생이 펼쳐진다. 기존에 자신이 알던 세상이 전혀 다르게 보일 수도 있고, 주위의 사람들에 대한 이미지가 완전히 반대로 바뀌기도 한다. 지금까지와는 다른 사람이 되어 다른 세상에서 살게 되는 것이다.

성공한 사람들, 명예를 얻은 사람들은 이런 사고방식이 습관화되어 있는 사람들이다. 그들은 자신의 생각과 다른 사람들의 생각을 비교하고 분석해서 최적의 생각을 이끌어낼 수 있는 사람들이다.

자기만의 생각의 감옥에 갇혀 있는 사람들은 결코 더 넓은 세상, 더 깊은 인간관계를 얻을 수 없다. 계속 자신의 생각의 감옥에 갇혀 있을 것인지, 자유롭고 광활한 세상으로 나갈 것인지 결정해야 한다.

작은 습관의 커다란 힘

습관은 우리 인생의 전반에 걸쳐 많은 영향력을 미친다. 우리가 무의식중에 하는 거의 대부분의 행동은 습관에 따른 것이라고 할 수 있을 정도이다. 그리고 습관에 따라 움직이면 편하다. 습관에 따라 생각하면 불편함이 없다. 그냥 하던 대로 하면 된다.

하지만 우리 몸과 마음에 붙어있는 습관이 모두 옳지는 않다. 게으름도 습관이고, 불평불만도 습관이다. 그리고 우리는 스스로 그 잘못된 점을 의식하지 못한다. 습관의 무서운 점이 바로 이것이다.

누군가가 습관을 바꾸기로 마음을 먹는 이유는 기존의 습관에서 문제점을 발견했기 때문이다. 이 과정에 들어섰다면 이미 잘못된 습관을 절반은 바꾼 것과 다름없다.

좋은 습관도 나쁜 습관도 오랜 시간에 걸쳐서 만들어진 것이다. 그래서 기존의 습관을 바꾸는 데는 상상 이상의 의지력과 인내력이 필요하다.

한 청년이 스승을 찾아가 물었다.

"어떻게 하면 바른 생활을 할 수 있겠습니까?"

그러자 스승은 젊은이를 산으로 데리고 가서 갓 심어진 나무를 뽑아 보라고 했다. 나무는 금방 뽑혔다. 스승은 좀 깊이 심어진 나무를 뽑아 보라고 했다. 그 나무는 힘을 들여야 뽑혔다. 이번엔 오래된 나무를 뽑아 보라고 했다. 청년이 도저히 뽑을 수 없다고 하자 스승이 말했다.

"인간에게 습관이란 이런 것이지. 나쁜 습관이 오래 되면 버릴 수 없어. 바른 생활은 좋은 습관들이기부터 시작되는 것이라네."

안 좋은 습관을 바꾸면 생활이 바뀌고 생활이 바뀌면 미래가 바뀐다. 성공을 바라는 사람이라면 누구나 자신을 잘 관찰하고 잘못된 습관이 없는지 먼저 살펴보아야 한다. 성공의 첫 번째 조건은 좋은 습관을 만드는 것이기 때문이다.

나를 망치는 최악의 습관은
미루는 습관이다

습관을 바꾸기 위해서는 자신이 가진 사소한 습관들부터 파악할 필요가 있다. 그리고 그 습관들 중 버려야 할 습관과 더 강화해야 할 습관을 가려내야 한다.

100년 전 아프리카의 두 나라 사이에 전쟁이 일어났다. 그리고 한 나라의 왕이 적국의 왕이 마시는 물에 독을 타서 암살하려는 음모를 꾸몄다. 적국에서 파견된 스파이가 이 사실을 알게 되었고 즉시 자기 나라의 왕에게 서신을 띄웠다.

'주의. 물속에 독이 들어있음. 내일 절대로 물을 마시지 마십시오.'

그러나 왕은 일을 미루는 나쁜 버릇이 있었기 때문에 서신을 개봉하지 않고 대신들에게 말했다.

"오늘은 머리가 아파 쉬어야겠으니 받은 서신들은 내일 개봉해 읽어주도록 하시오."

하지만 다음날, 왕은 이 편지 내용을 알 수 없었다. 이미 물을 마시고 죽었기 때문이다.

나쁜 습관 중에서도 가장 나쁜 습관은 아마도 일을 미루는 습관일 것이다. 위 이야기의 왕은 당장 해야 할 일을 뒤로 미룸으로써 죽음을 맞게 되었다. 물론 대부분의 사람들은 일을 뒤로 미룬다고 해서 죽음에까지 이르지는 않을 것이다. 그러나 한 가지 분명한 것은 지금 할 일을 뒤로 미룬다는 것은 미래의 시간 중 일부를 지금 써버렸다는 것이다.

우리는 흔히 지금 하고 있는 일이 귀찮다거나 어렵다는 이유로 뒤로 미루곤 한다. 하지만 오늘 어려운 일은 내일도 어렵고 오늘 귀찮은 일은 내일도 귀찮은 일이다. 뿐만 아니라 내일 어렵고 귀찮은 일이 추가되면 두 배로 귀찮고 어려운 일을 해야 한다. 단 며칠 동안이라도 이런 일이 반복되면 결국 해결할 방법을 찾지 못하고 자포자기하고 만다.

대부분의 사람들이 이런 사실을 잘 알고 있다. 너무 당연하고 뻔한 이야기라고 생각한다. 그런데 실제로 오늘 일은 오늘, 내일 일은 내일 딱딱 끝내는 사람은 그리 많지 않다. 왜 그럴까?

습관이 되지 않았기 때문이다. 습관이 붙은 사람에게는 당연한 일이지만 습관이 되지 않은 사람에게는 그리 호락호락한 일이 아니다. 일을 미루지 않는 습관 이 한 가지 습관만 바꾸어도 살아가면서 생기는 불안감과 스트레스 중 많은 양이 줄어들 것이다. 이 작은 습관의 변화만으로도 우리는 내일의 시간, 미래의 시간을 미리 써버리는 실수는 막을 수 있을 것이다.

편견은 기회를 볼 수 없게 한다

어떤 부부가 차에 기름을 넣기 위해 주유소에 들렀다. 주유소 직원이 연료를 넣으면서 앞 유리를 닦아 주었다. 그런데 남편이 불만스럽게 말했다.

"유리가 아직 더러우니 한 번 더 닦아줘요."

직원은 군말 없이 유리를 닦았다. 이번에는 더 정성껏 닦아냈다. 하지만 이번에도 남편은 마음에 들지 않았는지 화를 내며 말했다.

"이게 뭐요? 왜 엉터리로 닦는 거요?"

직원은 이해할 수 없었지만, 다시 한 번 정성을 다해 유리를 닦았다. 그러나 이번에도 그 남편은 화를 냈다. 그때 부인이 남편을 막아섰다.

"여보, 안경 좀 닦고 다시 보세요."

남편은 안경을 벗어 깨끗이 닦은 다음 다시 써 보았다. 자동차 유리는 새 차처럼 윤기가 나 있었다. 남자는 고개를 들지 못하고 사과할 수밖에 없었다.

아주 옛날 사람들은 우리가 살고 있는 지구가 평평하다고 생각했다. 별들은 천구에 매달려 있고 지구의 끝에는 영원한 낭떠러지가 있었다. 시간이 흐르자 사람들은 우주가 지구를 중심으로 돈다고 생각했다. 태양계의 구조와 은하계의 발견은 미루어 두더라도 지구가 태양을 중심으로 돈다는 생각 자체가 받아들여진 지도 그리 오래 되지 않았다.

사람들은 자기가 본 것만 믿는다. 세상에 대한 자신의 판단만이 유일하게 옳다고 생각한다. 그렇게 사람들은 자기만의 편견에 갇혀 살아간다. 그러나 누구도 자신이 편견에 사로잡힌 사람이라는 것을 인정하지 않는다. 그렇게 편견과 편견이 부딪혀서 불협화음을 낸다. 서로에게 상처를 주고 상처를 받는다.

많은 사람들이 자신을 우주의 중심이라고 자부하며 살아가고 있다. 그래서 자신이 무대의 주인공이고 주변 사람들은 조연일 뿐이라고 생각한다. 그러나 모든 사람들은 동등한 크기의 우주를 가지고 있고 그 각자가 모두 그 우주라는 무대의 주인공들이다.

보이는 것만으로 모든 것을 판단하는 습관은 자신뿐만 아니라 주위의 모든 사람들에게 도움이 되지 않는다. 행복해지는 습관은 편견 없는 시각에서 시작되는 것이다.

변화의 고통은 즐겁다

개구리 두 마리가 크림이 든 통에 빠졌다. 크림 통은 너무 깊고 벽은 미끄러웠다.

첫 번째 개구리는 어쩔 수 없다고 체념했다. 그래서 통에서 나올 생각도 하지 않은 채 얼마 못 가 익사하고 말았다.

두 번째 개구리는 그대로 죽고 싶지 않았다. 발버둥치며 온 힘을 다해 크림 통 안을 휘젓고 다녔다. 차츰 힘은 빠지고 아무런 희망도 없어 보였다. 그래도 포기하지 않고 계속 몸을 움직였다.

몇 시간이 흐른 뒤, 두 번째 개구리가 통 속을 이리저리 휘젓고 다니는 동안 크림은 버터로 변해 있었다. 이렇게 해서 그 개구리는 무사히 크림 통에서 빠져나올 수 있었다.

변화에는 노력이 필요하고 노력에는 고통이 따른다. 더구나 습관을 바꾸는 노력에는 더 큰 인내력이 필요하다. 특히 흡연이나 음주 같은 경우에는 그 인내력이 평생동안 유지되어야 한다. 그래서 수시로 포기하고 싶은 욕구가 강하게 솟구친다.

포기하면 편하다는 말이 있다. 고통도 없고 인내도 필요 없다. 그냥 하던 대로 하고, 살던 대로 살면 된다. 굳이 자기계발을 할 필요도 없고 시키는 일만 잘하면 그것으로 좋은 하루다. 누구의 간섭도 받지 않고 다른 누군가를 간섭할 필요도 없다. 언젠가는 운이 오겠지 하고 기다리면 되고 자기만의 방식대로 살고 자기만의 방식대로 생각하면 된다. 역시 포기하면 몸도 마음도 편하다.

그러나 변화하려고 하는 사람은, 습관을 바꾸려고 하는 사람은, 성공을 꿈꾸는 사람은 변화의 고통 속에서 즐거움을 발견한 사람들이다. 실패를 각오하고 끊임없이 도전하며 변화하는 자신에게서, 성장하는 자신에게서 즐거움을 찾는 사람들이다. 포기는 편하지만 즐겁지 않다. 변화는 고통스럽지만 즐겁다. 어떤 길을 선택할 것인지는 오직 본인에게 달려 있다.

2. 시간은 습관의 창조자이다

시간은 공기와 같다. 단순하게 반복되는 호흡을 통해 우리는 산소를 받아들이고 생명을 유지한다. 공기를 사용하기 위해 특별한 도구가 필요한 것도 아니고 사용료를 지불하지도 않는다. 대부분 다른 사람들과 같은 농도의 공기를 얻을 수 있고 누군가가 독점할 수도 없다.

시간도 마찬가지다. 방안에 누워 있는 사람에게도 마라톤을 뛰고 있는 사람에게도 같은 시간이 흐른다. 시간을 쓰기 위해 도구가 필요하지도 않고 사용료를 내지도 않는다. 또 누구에게나 시간의 길이는 같다.

그러나 내가 사용할 수 있는 시간은 나만의 것이다. 누군가가 나의 시간을 사용하기 위해서는 비용을 지불해야 한다. 공기는 시간에 관계없이 존재하지만 시간은 사용하지 않아도 없어져버린다.

우리는 일생 동안 수많은 일을 하면서 시간을 보낸다. 그리고 그 지나간 시간을 그 시간 동안의 인생과 교환한다. 오랜 시간은 오래된 삶의 징표인 것이다. 그래서 옛말에 '나이든 어르신들을 무시하지 말라.'는 이야기가 있다. 그들의 나이만큼 겪은 무수한 경험들이 그들을 현명하고 지혜롭게 만들었기 때문이다.

다른 사람들의 시간은 수면 위의 백조와 같은 모습을 하고 있다. 그러나 그들의 시간과 우리의 시간의 실상은 수면 아래에서 끊임없이 버둥거리는 백조의 다리와 같다. 그 버둥거림으로 백조는 우아하게 물위를 미끄러지듯 움직일 수 있는 것이다.

대나무를 심으면 4년 동안은 거의 혹은 전혀 자라지 않는 것처럼 보인다. 그저 죽순만 하나씩 돋아날 뿐이다. 하지만 그렇게 죽순만 나오는 4년 동안 땅 속에서는 뿌리가 넓게 퍼지고 튼튼하게 자리를 잡는다. 그리고 5년째가 되면 놀라운 속도로 자라기 시작한다.

세상에는 이 대나무가 자라는 것과 닮은 게 많다. 학문을 할 때도 꾸준하게 성장하는 게 아니라 전혀 성장하지 않는 것처럼 느껴지다가 어느 순간 반짝 하고 괄목할 만한 성장을 하게 된다고 한다. 운동선수들도 마찬가지다. 날마다 기술훈련을 하지만 스스로 발전하고 있다는 느낌을 받지 못하다가 한순간 얽혀있던 실타래가 풀리는 것처럼 비약적으로 발전한다고 한다.

하나의 단계를 뛰어오르는 데는 이처럼 긴 시간 동안의 인내력이 필요한 법이다. 때문에 자신이 정체되어 있다고 느끼는 시기를 어떻게 보내느냐에 따라 다음 계단을 오르기도 하고 다시 한 계단 내려가 버리기도 한다. 농부는 대나무가 자라지 않는 것처럼 보이는 그 4년 동안에도 열심히 비료를 주고 물을 주고 주변을 정리해준다. 농부에게는 반드시 대나무가 자랄 것이라는 확신이 있기 때문이다.

성공을 향해 가는 길도 마찬가지다. 침체의 시기는 언제든지 올 수 있다. 계속 찾아오던 기회가 갑자기 뚝 끊긴 것처럼 느껴진 뒤 도무지 출구를 찾을 수 없을 것 같은 긴 시간이 오기도 하고, 한 번의 성공 후 다른 성공이 따라오지 않을 때도, 한 번의 실패 후 도저히 다시 일어설 수 없을 것 같은 무기력감에 휩싸여 있을 때도 온다.

이 침체기를 얼마나 현명하게 보내느냐에 따라 다음 단계의 성패가 갈린다고 해도 과언이 아니다. 이럴 때 묵묵히 계속 노력하며 때를 기다리고 다음 도전을 준비하는 자세야말로 성공한 사람들의 가장 큰 미덕일 것이다. 조급함으로 인해 그 동안 쌓아왔던 수고들을 헛되게 하지 않는 것만으로도 성공으로 가는 큰 디딤돌 하나를 놓는 것이다.

그렇게 인내심을 가지고 준비하고 있으면 기회는 반드시 오게 되어 있다. 그리고 그렇게 기회가 찾아왔을 때 그 동안 인내하고 노력하며 준비했던 모든 역량을 한꺼번에 쏟으면 마치 날개를 단 것처럼 비약적으로 꿈과 성공에 다다르게 될 것이다.

미래는 지금 여기에서 결정된다

데이비드 모린은 순서를 기다리는 다른 배우들을 훑어보고 기운이 빠졌다. 모두 다 널리 알려진 쟁쟁한 배우들이었기 때문이었다. 그곳은 더스틴 호프만과 함께 출연할 배우를 뽑는 오디션장이었다. 모린은 주눅이 들어 앉아있기도 힘들었다.

그때 모린에게 10여 년 전의 일이 떠올랐다.

법대에 다니고 있을 때였고, 그날은 매우 중요한 시험이 있는 날이었다. 모린은 시험지를 받아들고 눈앞이 캄캄해졌다. 아는 게 없었던 것이다.

'아! 이 시험을 망치게 되면 낙제를 하고, 졸업도 할 수 없게 될 텐

데…….'

너무도 답답한 마음에 모린은 벌떡 일어나 시험장 밖으로 나갔다.

그때 누군가 그를 부르는 소리가 들렸다. 복도에 있던 담당교수였다.

"자네는 왜 시험을 치르지 않고 나오는 거지?"

모린은 풀이 죽은 채로 아무 말도 할 수가 없었다.

"낙제하지 않을까 하는 생각은 접어두고 당장 들어가서 눈앞에 있는 일부터 해결하는 게 어떻겠나?"

모린은 담당교수의 말에 정신이 번쩍 들어 시험장으로 들어갔다. 그리고는 아는 문제만이라도 최선을 다해서 풀어야겠다고 생각했다. 결국 모린은 낙제를 하지 않고 법대를 무사히 졸업할 수 있었다.

그때 오디션장에서 모린을 부르는 소리가 들렸다.

모린은 주먹을 꽉 움켜쥐고 당당하게 오디션장으로 들어갔다. 나중이 아니라 지금 이곳에서 해야 할 일에 최선을 다하는 것이 가장 중요하다는 것을 다시 한번 되새기면서.

모든 것은 지금 여기에서 시작되고, 지금 여기에서 마무리된다. 과거는 지나간 시간이라 바꿀 수 없고, 미래는 현재에 의해서 결정된다. 시간이 흐르면서 현재는 과거가 되고 그 미래는 현재가 되면서 우리는 또 미래를 만들 수 있는 시간을 맞이하게 된다. 당신은 지금 이곳에서 다시는 되돌릴 수 없는 과거를 만들고 있으며, 새로운 미래를 만들고 있다.

과거를 반성하는 시간은 필요하다. 과거에 대한 반성은 사람들을 조금씩 더 현명하게 만들어주기 때문이다. 그러나 과거로부터 배우지 못하는 사람들은 현재에도 현명해질 수 없으며 미래를 낭비할 뿐이다.

그런데 왜 대부분의 사람들은 습관적으로 일을 미루게 되는 것일까? 무엇이 좋은 것인지, 왜 중요한지 알고 있으면서도 이렇게 뒤로 미루는 행동에는 어떤 이유가 있는 것일까?

이와 관련해서 심리학자인 로이 바우마이스터의 실험을 보도록 하자.

그는 첫 번째 실험대상이 되는 학생들을 작은 방으로 불렀다. 그 방 안의 테이블에는 먹음직스러운 초코칩 쿠키가 놓여 있었다. 그는 생무가 담긴 그릇을 테이블에 올려놓으며, 무는 먹고 싶은 만큼 먹어도 되지만 초코칩 쿠키는 먹어선 안 된다고 말했다. 그리곤 30분 동안 혼자 있게 두었다. 학생들은 무를 먹으며 쿠키를 먹고 싶은 유혹을 참았다.

두 번째 실험대상이 된 학생들에게는 초코칩 쿠키를 마음껏 먹을 수 있게 해주었다.

실험이 끝난 뒤 두 그룹의 학생들에게 어려운 수학문제를 풀도록 했다. 그런데 첫 번째 그룹의 학생들이 두 번째 그룹의 학생들보다 두 배는 빨리 수학문제 풀기를 포기했다.

첫 번째 그룹의 학생들은 먹고 싶은 욕심을 통제하느라 정신적인 에너지를 소모해서 어려운 문제를 풀 의지력이 바닥나 버린 것이다. 이렇게 의지력은 배터리처럼 방전과 충전이 되풀이된다는 것이다. 때문에 언제나 강한 의지력을 유지하고 있기란 어려운 것이다.

그렇기 때문에 의지력을 발휘한 후에는 긴장을 풀어서 다시 충전시키는 시간이 필요하다. 그리고 긴장을 푸는 동안 집중력이 잠시 한눈판 사이에 엉뚱한 일에 몰입하게 되는 것을 미리 막는 게 중요하다. 잠시 긴장을 풀기 위해 인터넷 게시판에 들렀다가 재미있는 글을 발견하면 정작 중요한 일을 해야 한다는 것을 잊게 되는 것과 같은 것이다.

이를 막기 위해서는 자신이 하는 일들에 기한을 정하는 게 도움이 된다고 한다. 큰 계획과 단계별 세부계획을 시간 단위로 기한을 정해놓고 일을 진행하면 미루는 습관을 막을 수 있을 뿐만 아니라, 계획을 세워 일을 진행하는 좋은 습관까지 가질 수 있게 되는 것이다.

파레토의 20%의 법칙을 활용하라

파레토의 법칙이라는 게 있다. 빌프레도 파레토(Vilfredo Pareto)가 발견한 이 법칙은 '전체 결과의 80%가 전체 원인의 20%에서 발생한다.'는 법칙이다. 그 내용을 보면 이 법칙은 매우 다양한 분야에 걸쳐 그 위력을 발휘하고 있다.

이 법칙의 예를 보면 다음과 같다.

'일개미 집단에서 20%의 일개미만 일하고, 나머지 80%는 놀고 있다. 그리고 열심히 일하는 20%의 일개미를 따로 모아 집단을 만들면 또 그 집단 안에서 열심히 일하는 20%의 일개미와 놀고 있는 80%의 일개미가 존재한다. 전체 매출액 중 80%의 매출은 상위 20%의 우수

제품에서 나온다. 20%의 고객이 백화점 전체 매출의 80%에 해당하는 쇼핑을 한다. 성과의 80%는 근무시간 중 집중력을 발휘한 20%의 시간에 이뤄진다. 80%의 가치 있는 인간관계는 20%의 인간관계에서 나온다.'

즉, 우리는 하루 동안 일하는 시간의 80%는 일과 관련이 없는 일을 하거나, 당장 중요하지 않은 일을 하고 있다는 뜻이 된다. 때문에 효율적인 일의 배분이나 시간관리를 위해서 일의 우선순위를 정하는 습관을 만드는 게 중요하다.

가령 하루 동안 해야 할 일이 네 가지라면 이 일들의 중요도와 마무리해야 될 시간에 따라 순서를 정하는 것이다. '꼭 해야 하는 일', '해야 하는 일', '하면 좋지만 중요하지는 않은 일', '다른 사람에게 위임해도 되는 일', '빨리 해야 되는 일이면서 또 빨리 할 수 있는 일' 등으로 일을 나누어서 하면 중요한 일에 최대의 집중력을 발휘할 수 있다.

만일 '꼭 해야 하는 일'이라면 다른 일을 제쳐놓고서라도 그 일만을 반드시 완수해야 한다. 그 일은 자신의 인생을 변화시킬 수도 있는 일이기 때문이다. 또 다른 사람에게 일을 위임하거나 부탁하는 것을 어렵게 생각하면 안 된다. 물론 공짜는 없다. 부탁한 사람에게도 그런 상황이 생겼을 때 도움을 주면 되는 것이다. '기브 앤 테이크'의 기술은 모두에게 유리한 관계의 기술이기 때문이다.

하루를 관리하라

과거의 잘못을 고치고 앞으로의 전 생애를 좌지우지할 수 있는 시간은 바로 지금 바로 오늘뿐이다. 오늘을 어떻게 보냈느냐에 따라 앞으로의 인생이 결정되는 것이다.

그러나 오늘이라는 시간은 한정되어 있다. 누구에게나 공평하게 24시간이라는 이 막중한 시간을 어떤 사람은 12시간처럼 쓰고 어떤 사람은 36시간처럼 쓴다. 매일의 오늘을 충실하게 보내면 시간을 이용하는 습관으로 만들어져 꿈을 이루는 매우 큰 디딤돌이 될 것이다.

오늘을 충실하게 보내려면 어떻게 해야 할까?

첫째, 아침형 인간이 되라. 아침 일찍 일어나 오늘 하루를 어떻게 보낼 것인지 각오를 다지고 스스로 활력을 불어넣는 시간을 가지는 게 좋다. 하루의 기분은 아침에 좌우된다. 아침 일찍 일어나 상쾌한 기분으로 하루를 시작하는 사람에게는 더 많은 기회와 행운이 찾아오기 마련이다.

둘째, 하루의 계획을 세우는 게 중요하다. 하루를 마무리하기 전에 다음날의 계획을 세우고, 다음날 일어나서 바로 오늘의 계획을 확인하는 것이다. 의미있는 하루는 이렇게 만들어진다.

셋째, 하루를 마무리하면서 그날 이루지 못한 계획과 그 이유를 분석한다. 한 번의 실수는 용서가 되지만 같은 실수를 반복하는 것은 용서되지 않는다는 말이 있다. 오늘과 같은 내일이 아니라 오늘보다 나은 내일을 바란다면 반드시 하루를 되돌아보는 시간을 가지는 게 좋다.

넷째, 오늘 할 일은 오늘 마무리하는 습관을 들인다. 오늘 할 일을 다음날로 미루면 내일은 오늘의 일까지 두 배의 일을 해야 한다. 내일 아침을 잔뜩 스트레스 받은 기분으로 시작할지, 가벼운 발걸음으로 시작할지는 일을 제시간에 마무리하는 습관에 달려 있다.

다섯째, 오늘 하루에 감사하는 마음을 가져라. 오늘도 출근해서 동료들과 즐겁게 인사할 수 있음에 감사하는 마음을 가져라. 오늘 또 하루를 살 수 있다는 것만으로도 축복이고 기적이다.

과거의 기억에 사로잡히지 마라

기억상실증에 걸린 한 남자가 의사를 찾아갔다. 의사가 말했다.

"기억을 되살리기 위해서는 시력이 손상될 수도 있습니다. 기억을 되찾기를 원하십니까? 아니면 두 눈이 멀쩡하기를 원하십니까? 판단은 당신이 하시기 바랍니다."

그는 잠시 깊은 생각에 잠겼다가 깨어나 대답했다.

"시력을 그대로 유지하고 싶습니다. 과거에 어디에 있었는지 아는 것보다는 앞으로 어디로 가게 될지 보는 것이 더 낫다고 생각합니다."

사람들은 다른 사람을 판단할 때 지금의 모습으로 판단한다. 아무리 화려했던 과거의 영화를 자랑해도 지금의 모습이 초라하다면 그는 그저 흔한 초라한 사람으로 대우받는다. 하지만 지금의 모습은 초라해도 꿈이 있고 야망이 있는 사람은 무시하지 못한다. 그가 미래에 어떤 사람이 되어 있을지 상상할 수 없기 때문이다.

과거는 머릿속에만 존재하지만 현재의 우리에게 영향을 미친다. 우리는 상상을 통해 과거로 시간여행을 할 수 있다. 아무것도 바꾸거나 변하게 할 수는 없지만 다시 그곳 그 시간으로 돌아가 바라볼 수도 들을 수도 냄새 맡을 수도 있다.

그러나 어떠한 과거도 바꿀 수는 없다. 그 과거가 실수투성이의 과거일지라도 그저 바라보는 것 외에는 할 수 있는 것이 없다. 아프게 가슴을 파고드는 슬픈 과거라도 되돌릴 수 없다. 어떤 사람도 과거로 돌아가서 다시 시작할 수는 없다.

그렇지만 우리는 과거를 돌아봄으로써 실수를 되풀이하지 않는 방법을 배우고, 잘못된 결정을 내리지 않는 법을 배운다. 그리고 무엇보다도 중요한 것은 바로 미래를 위해 무엇을 어떻게 해야 할지 알게 된다.

우리는 과거의 경험을 통해 점점 더 현명해지고, 점점 더 배려심도 커지고, 점점 더 지혜로워진다. 우리의 과거는 우리의 역사이며 이 역사는 살아서 움직이는 역사이다. 그리고 우리는 오늘 또 한 페이지의 역사를 쓰고 있는 중이다. 누구도 볼 수 없는 나만의 역사를.

마음먹었을 때 바로 시작하라

제과회사의 창립자이자 자기계발에 관한 명연설가였던 아모스가 강연을 마치고 나오는데 한 여성이 그를 찾아와 이렇게 말했다.

"만일 제가 이 나이에 로스쿨에 입학하여 졸업하게 되면 55세나 될 텐데요. 지금 해야 할지 고민이 됩니다."

아모스는 그 여인에게 이렇게 대답했다.

"만일 지금 하지 않으면, 더 나이가 들어서도 똑같은 고민을 하고 있는 자신을 만나게 될 것입니다."

미국의 수영선수였던 스피츠는 1968년 멕시코 올림픽 대회에서 2

관왕을 차지했고, 1972년 뮌헨 올림픽에서는 참가한 일곱 개 전 종목에서 세계 신기록을 세우며 금메달을 획득했다. 그는 이렇게 말했다.

"나는 매순간 최선을 다하려고 노력했다. 나는 내일 일에는 관심이 없고 오직 오늘 일어나는 일에만 관심이 있다."

성공이라 함은 흔히 자기가 속한 분야에서 최고의 자리에 오르는 것을 말한다. 그러기 위해 사람들은 시간과 정력을 아낌없이 쏟아 붓는다. 그 최선을 다하는 삶이 최고의 보람을 만드는 것이다.

'지금, 바로, 오늘'은 성공을 위한 마법의 단어이다. 지금 바로 이 순간에 해야 할 일을 마무리하지 못하면 다음에 혹은 내일은 내일의 일에 오늘 하지 못한 일까지 해야 한다. 오늘의 여유를 위해 내일의 여유를 빼앗는 것이다.

세상 사람 누구나 다 아는 유명한 격언이 있다.

"오늘 할 수 있는 일을 내일로 미루지 말라."

벤저민 프랭클린의 충고이다.

미켈란젤로는 89세의 나이로 생을 마감하기 6주 전까지 로다니니의 피에타상을 조각했다. 베르디는 85세에 '아베마리아'를 작곡했다. 마사 그레이엄은 75세가 될 때까지도 공연을 했고, 95세의 나이로 180번째 작품을 안무했다. 운동선수이며, 작가인 마리온 하트는 54세 때 비행기 조종법을 배워 대서양을 일곱 번이나 단독으로 횡단했는데 마지막 비행을 했을 때 그의 나이는 83세였다.

만일 뭔가에 도전하고 싶지만 너무 늦었다고 생각된다면, 다시 한 번 생각을 고쳐먹고 당장 시작하라. 자기 자신에게 질문을 던져 보라.

'꼭 하고 싶었지만 미루어 오던 일이 하나 있다. 그것은 무엇인가?'

그리고 이렇게도 물어보라.

'지금이 아니라면 언제 할 수 있을까?'

모든 일에는 때가 있고 적당한 시기가 있다. 봄에 씨앗을 뿌리지 않으면 가을에 거둘 것이 없다는 말처럼 오늘 이 시간을 헛되이 보내면 내일 얻을 것이 없다. 일을 뒤로 미루는 습관은 아주 작은 습관이면서도 강력한 영향을 미치는 습관이다. 일은 뒤로 미루면서 성공은 빨리 하고 싶다는 말처럼 어리석은 말도 없을 것이다. 오늘 일을 내일로 미루는 것은 내일 할 수 있는 성공을 언제가 될지 모르는 미래로 미루는 것과 같다.

신나게 일하고 즐겁게 쉬어라

공정한 판결을 하기로 유명한 힐버튼은 어느 재판을 마친 후 이렇게 말했다.

"행복을 딱히 정의 내리기는 어렵지만, 시간을 태만하게 보내는 사람은 누리지 못하는 것임에 틀림없다. 나는 이 세상이 시작된 이래, 태만한 인간이 행복했다는 이야기를 들은 적이 없다. 묘하게도 나는 재판정에서 언제나 게으른 사람들을 만났고, 그들 모두를 감옥으로 보내야만 했다."

일은 행복을 증폭시켜 준다. 노는 것만이 인생이라면 사는 것은 즐겁지 않을 것이다. 반대로 일만 하고 전혀 즐기지 못하는 것은 마치 맨

살이 드러난 등으로 돌을 져 나르는 것처럼 하루하루가 지겹고 고통스러울 것이다.

일하는 것만으로는, 또한 노는 것만으로는 행복을 느낄 수 없다. 일만 하게 되면 마음이 삭막해지고 게으름만 피우면 정신이 황폐해진다.

일에 몰두하며 즐거움을 찾는 사람은 '정신을 집중해서 노력하면 어떤 일도 이룰 수 있다.'는 격언을 잘 실행하는 셈이다. 책임감 있고 사려 깊은 사람일수록 그런 종류의 격언을 좋아하기 마련이다. 그러나 휴식과 여가에 마음을 기울이는 일도 중요하다. 여가에 힘을 쏟았다고 해서 일에 힘을 쏟지 못하게 되는 것은 아니기 때문이다. 때로는 다른 일을 해봄으로써 기분을 전환하고 휴식을 누리도록 하자.

'랑카샤의 전통'의 저자 로비도 일에 집중하되 여가를 잘 활용해 대성한 사람이다. 그는 낮에는 랑카샤 은행에서 일하고 밤에는 자신의 취미활동에 몰두했다. 그는 일과 취미생활을 적절하게 양립시켰다. 로비의 전기를 쓴 작가는 그 전기의 첫 페이지에 이렇게 썼다.

'로비는 은행가로서의 능력이 없어서 은행의 역사나 돈에 관한 전설, 설화를 탐구하고 창작활동에 전념했던 것은 아니다. 그는 밤에 집필을 하고서도 은행가로서의 일을 훌륭히 수행했다.'

일과 취미, 이른바 겸할 수 없는 두 가지를 교묘하게 해 나가는 지혜로운 사람들은 우리 주위에도 얼마든지 있다. 그들은 일에서 훌륭한 업적을 쌓는 한편 취미를 살려 자신만의 세계를 만들고 거기서 정신적인 만족을 얻는다.

　살아가는 데 즐거움은 반드시 필요한 것이다. '열심히 일하고 잘 논다.'는 말을 듣는 사람은 일단 행복의 문에 들어선 사람이다. 놀이는 인생의 장엄한 가치와는 다르지만 일상과 노동의 좋은 윤활유가 된다.

3. 건강은 습관이다

마음이 병들면 몸도 병든다. 몸이 병들면 마음도 병든다. 건강한 삶을 위해서는 몸과 마음 모두가 건강해야 한다. 건강이란 게 지키기는 쉽지만 잃은 건강을 되찾기는 힘들다. 더불어 지금까지 이뤄온 경제적 토대를 한순간에 모두 잃어버릴 수도 있고, 주위의 사람들까지 어렵게 만들 수도 있다.

건강한 삶을 영위하기 위해서는 평소의 건강관리를 위한 자신만의 생활습관을 만들어야 한다. 건강에 가장 영향을 미치는 것은 생활습관이기 때문이다. 생활습관만 잘 만들고 유지해도 생활습관 때문에 생기는 병은 어느 정도 막을 수 있다.

정신 건강을 위해서는 무엇보다도 스트레스를 잘 관리해야 한다. 같은 스트레스의 무게라고 해도 그 무게는 모든 사람에게 다르게 느껴진다. 스트레스에 강한 사람이 있는 반면 작은 스트레스에도 혼란에 빠져버리는 사람들도 있다. 그렇기 때문에 같은 스트레스를 받았을 때도 스트레스를 해소하는 방법은 모두 다를 수밖에 없다. 자기만의 스트레스 해소법을 알기 위해서는 여러 가지 방법들을 시도해보고 자신에게 맞는 방법을 찾는 게 좋다. 또한 자신에게 적당한 운동 방법을 골라 무리하지 않는 선에게 꾸준하게 운동을 하는 것이다. 적당한 운동은 건강관리의 필수적인 항목이다. 특히 유산소 운동은 호흡을 깊게 하게 해서 산소와 영양분을 필요한 곳으로 더 많이 도달하게 하고 비만 관리에도 꼭 필요한 운동이다.

건강을 위한 생활습관

첫째, 건강관리를 위해서 가장 필요한 것은 적절한 휴식이다. 일은 몸과 정신을 소모시킨다. 생존하기 위해서는 공기와 함께 물이 있어야 하는 것처럼 우리에게는 일과 함께 휴식이 필요하다. 적절한 휴식은 일로 소모된 몸과 마음의 기운을 재충전해준다. 생각을 긍정적으로 변화시키고 일에 대한 몰입도를 높여준다. 일을 잘하고 싶다면 반드시 휴식을 통해 몸과 마음의 균형을 잡아주어야 한다.

둘째, 자신에게 맞는 적당한 운동이 필요하다. 정신적 긴장과 육체적 긴장을 푸는 데 가장 효율적인 방법은 운동이다. 적당한 운동은 팽팽해진 신경을 부드럽게 풀어주고 정신적인 긴장감과 불안감을 해소

시켜 준다. 하지만 무리한 운동은 오히려 독이 된다. 과도한 운동은 오히려 몸을 더 피곤하게 만들어서 일에 지장을 주며, 스트레스의 원인이 되기도 한다. 운동은 도구가 되어야지 목표가 되어서는 곤란하다.

셋째, 적당한 양과 충분한 영양섭취가 필요하다. 불규칙한 식사습관은 과식을 부른다. 과도한 음주와 편식은 자신의 몸을 무시하는 식사습관이다. 하루를 잘 보내기 위해서는 그만큼의 에너지가 필요하다. 직장생활과 사회생활을 하는 사람이라면 기본적인 에너지를 보충해주어야 한다. 끼니와 잠을 거르며 일에 매달리는 사람은 오래 달릴 수 없다. 인생은 단거리 경주를 반복하는 장거리 경주다. 단거리 경주에만 매달려 장거리 경주를 잊지 않아야 한다.

넷째, 정기적인 건강검진이 건강함을 잃지 않는 비결이다. 인간을 둘러싼 환경의 변화 때문인지 요즘은 어린아이들도 성인병에 걸리기도 한다. 자신의 몸이 시간의 흐름과 함께 어떤 변화를 겪고 있는지 정기적으로 체크하는 것만으로도 주의해야 할 사항들을 파악할 수 있다. 그리고 이를 통해 적절한 대응을 할 수 있다. 건강을 잃으면 가지고 있던 모든 것도 함께 잃는다. 가장 쉽고 효과적인 건강관리는 정기적인 건강검진이다.

식습관이 비만을 부른다

오늘날 미국인들 중 약 5,000만 명 이상이 비만으로 분류된다고 한다. 비만이란 키를 기준으로 했을 때 정상 몸무게의 20%를 초과하는 경우를 말한다. 몸무게가 정상 체중보다 40%나 50%를 초과하게 되면 병적인 비만으로 분류된다. 비만이 사회적인 이슈가 될 정도로 건강에 치명적이라는 것은 널리 알려진 사실이다. 각종 성인병의 주범이기도 하고 스스로도 당당해지지 못하는 정신적인 부분까지 포함된다는 것이다. 뿐만 아니라 대부분의 사람들이 생각하기를 배가 많이 나오거나 비만한 사람들은 게을러서 그런 것이라고 생각한다.

흡연과 음주의 공통점은 '언제든 마음만 먹으면 끊을 수 있어.'라고 생각된다는 것이다. 비만도 마찬가지다. '언제든 다이어트를 시작하기만 하면 지금 정도의 비만은 아무것도 아니야.' 라고 생각하는 사람들이 많다는 것이다.

실제로 비만으로부터 해방되는 방법은 간단하다. 적게 먹고 많이 운동하는 것이다. 방법은 이렇게 간단하지만 실제로 해보면 그렇게 만만한 일이 아니다. 체중의 증가가 하루아침에 이루어진 것이 아닌 것처럼 체중을 줄이는 데도 많은 시간이 걸리기 때문이다. 그래서 뱃살을 빼겠다는 단 하나의 각오로 매달려도 쉽게 변하지 않는 몸매 때문에 대부분 '그냥 이대로 살지 뭐!' 하고 그만두기 마련이다.

시중에는 다양한 종류의 다이어트 도서와 동영상들이 쏟아져 나와 있다. 새로운 다이어트 프로그램을 다루는 책들은 지금도 날개 돋친 듯 팔려나가고 있다. 좀 더 편하게 살을 빼고, 좀 더 적은 시간에 많은 양의 지방을 제거하는 방법들이 거의 매일 등장하고 있다. 그러나 쉬우면서도 짧은 시간 안에 원하는 만큼 다이어트를 할 수 있는 방법은 없다.

비만으로부터 해방되고 싶다면 절대로 무리하게 감량계획을 잡지 마라. 무리한 감량은 비만과 마찬가지로 몸에 해롭다. 처음에는 한 달에 1킬로그램을 감량하는 정도로 목표를 잡는 게 좋다. 별것 아닌 것 같지만 이 한 번의 성공으로부터 생긴 성취감이 인내력을 발휘할 수 있는 좋은 기회를 만들어준다. 식습관과 운동요법도 천천히 시동을 걸어서 조금씩 조금씩 바꾸고 키워나가는 게 좋다.

1984년 로스엔젤레스 올림픽 기간 중 100개 이상의 나라에서 온 선수들을 대상으로 그들이 먹는 음식의 공통점을 찾기 위한 연구가 있었다. 이 연구에 의하면 그들이 먹는 음식의 종류는 매우 다양했지만 공통적인 음식은 과일과 야채, 염도 낮은 단백질, 많은 양의 물이었다고 한다. 이런 음식들을 적당한 양, 적당한 시간에 먹는 습관을 들이는 것만으로도 놀라운 효과를 볼 수 있다.

그리고 피해야 할 음식으로는 소금과 설탕, 흰색 밀가루가 있다. 우리 몸은 1년에 대략 1킬로그램의 소금 섭취가 필요하다고 한다. 이 양보다 많은 소금을 섭취하면 우리 몸은 소금을 액체 상태로 유지하기 위해 물을 보충해주어야 하고 이 과정에서 우리 몸은 붓고 살찌게 된다. 뿐만 아니라 고혈압, 불면, 피로의 원인이 되기도 한다.

보통의 성인의 경우에는 영양소로서 설탕이 따로 필요하지 않다. 그리고 설탕은 순환하는 혈액 속으로 바로 빨려 들어간다. 그래서 바로 혈당 수치가 상승하고 이 지나친 당분을 제거하기 위해 인슐린이 분비된다. 그런데 이때 분비되는 인슐린은 너무 많은 설탕을 제거해서 피로와 어지럼증을 유발한다. 계속 단 음식을 섭취하면 이 과정이 반복된다. 활력이 넘쳤다가 다시 피로해지는 상황이 반복되는 것이다.

흰색 밀가루는 밀을 지나치게 도정한 것으로 영양분이 모두 제거된 것이라고 한다. 그리고 흰색 밀가루 제품은 소화기관 속에서 걸쭉한 덩어리를 형성하며 졸음과 변비를 유발한다고 한다.

　이렇게 소금과 설탕, 하얀 밀가루 제품을 조심하는 것만으로도 다이어트 효과가 확실하고 몸에 활력을 불어넣을 수 있다.

　영양학자들에 따르면 우리의 신체가 정상적으로 기능을 하려면 하루에 대략 2,000칼로리의 열량이 필요하다고 한다. 그리고 이 열량을 소모하는 시간이 비만에 큰 영향을 미친다고 한다. 아침과 점심에 2,000칼로리의 80%의 음식을 먹고 오후 두 시 이후에 나머지 20%를 섭취하면 살이 빠지는 반면, 오후 두 시 이후에 60~80%의 음식을 섭취하면 살이 찌게 되는 것이다. 같은 칼로리를 섭취해도 식습관에 의해 살이 빠지기도 하고 찌기도 하는 것이다.

　입에는 즐겁지만 몸에는 해로운 음식을 피하고, 먹는 때와 양을 조절하는 것만으로도 건강의 70%는 지켜지는 것이다. 건강한 식습관으로 활력을 찾고 성공을 향해 달려가자.

자기만의 운동습관을 만들어라

    규칙적인 운동은 몸을 건강하게 만들고 정신을 맑고 상쾌하게 만들어 준다. 장수하는 사람들의 공통점이 바로 항상 몸을 움직이는 신체 활동을 한다는 것이다. 특히 규칙적인 유산소 운동은 노화를 막고 신체와 정신에 탄력과 여유를 제공한다.

    거대하고 육중한 근육을 키우는 무산소 운동도 좋지만 부상의 위험이 항상 도사리고 있다. 때문에 누구에게나 간단하고 쉬우면서 부상의 위험도 적은 유산소 운동이 권장되고 있다. 대표적인 유산소 운동으로는 걷기와 등산을 들 수 있다.

    먼저 걷기 운동에 대해 살펴보자.

마사이족은 하루 평균 3만 보 이상을 걷는 것이 일상생활이다. 그런데 그들에게서는 고혈압, 심장병, 당뇨병 같은 성인병 환자가 없다고 한다. 걷기 운동의 효과는 다음과 같다.

- 무릎 주변의 근육을 강화시켜 관절염을 약화시키는 데 효과가 있다.
- 규칙적인 걷기 운동은 면역체계를 강화시킨다.
- 걷기 운동을 하면 혈압이 내려가고 콜레스테롤 수치가 낮아져서 심장마비의 위험이 절반으로 줄어든다.
- 뇌졸중 발생 가능성을 40% 정도 낮춰주고 당뇨병에 걸릴 확률을 60% 줄여준다.
- 골다공증에 걸릴 확률을 30% 이상 낮출 수 있다.

효과적인 걷기 운동의 방법은 다음과 같다.

- 팔을 힘차게 흔들면서 큰 보폭으로 빨리 걷는 것이 좋다. 대표적인 방법으로 파워 워킹이 있다.
- 운동화는 체중의 1% 정도로 가벼운 것을 신는다. 밑창이 부드럽고 탄력이 있어야 발바닥 전체에 충격이 고루 분산되어 쉽게 발이 피로해지지 않는다.
- 운동 중에는 반드시 충분한 물을 섭취해서 탈수를 예방해야 한다.

●뒤로 걷기는 무릎 뒤쪽 연골을 튼튼하게 해서 관절염 예방에 도움이 된다.

다음으로 등산의 효과에 대해 알아보자.

●등산은 관절에 꾸준한 자극을 주고, 맑은 공기를 폐 속 깊이 불어넣어준다.

●유산소 운동 중에서도 운동량이 많아 뱃살에 쌓인 지방을 없애는 데 효과적이다.

●낮은 언덕이 있는 뒷산 정도의 등산은 허리 근육을 강화시키는 최적의 운동법이다.

이외에도 여러 가지 운동법이 있지만 걷기 운동과 등산을 꾸준히 하는 것만으로도 건강을 유지하는 데 큰 도움이 된다. 뿐만 아니라 인내력과 지구력까지 덤으로 얻을 수 있다.

물론 운동을 할 때는 자신의 나이와 몸의 상태에 맞게 시간과 강도를 조절해야 한다. 무리한 운동은 오히려 몸에 해가 될 수 있다. 몸이 건강해지면 마음도 건강해진다. 적당한 운동은 정신을 항상 맑고 긍정적으로 만들어주기 때문에 꿈을 꾸고 성공을 바라는 사람이라면 누구나 꾸준히 해야 하는 필수적인 건강관리법이다.

건강을 위한 좋은 습관을 만들어라

성공을 위한 기회를 잡고자 하는 사람이라면 가장 먼저 해야 할 일이 건강을 위한 좋은 습관을 만드는 것이다. 건강을 잃으면 하고 있던 모든 노력과 시간이 수포로 돌아간다는 것을 누구나 알고 있다. 하지만 대부분의 사람들은 성공을 위해 건강을 희생하고 있는 현실이다. 건강을 위한 습관도 다른 습관과 마찬가지로 일단 몸에 붙이고 나면 힘들이지 않고 계속해서 유지할 수 있다.

건강은 행복의 기본조건이며 성공의 동반자이다. 그리고 살아있는 동안은 한 순간도 소홀히 해서는 안 되는 필수 관리 대상이다. 한 순간의 사고로 건강을 잃게 될 수도 있지만, 대부분은 오랜 기간 지속적으로 누적된 잘못된 습관으로 인해 건강에 위협을 받게 된다. 그리고 그 위협은 자신뿐만 아니라 주위의 모든 사람들에게도 영향을 미치게 된다.

'건강을 잃는다는 것은 모든 것을 잃는 것이다.' 라는 말은 모든 지혜로운 자들의 공통된 조언이다. 그들이 강조하는 건강관리의 습관을 알아보자.

첫째, 규칙적인 시간에 잠자리에 드는 습관이다. 잠은 인체의 면역력을 키우고 세포를 재생시키고 유해물질을 해독한다. 생명활동에 필수적인 역할을 수행하는 귀중한 시간인 셈이다. 그래서 가벼운 신체증상들은 잠을 충분히 자고 휴식을 취함으로써 사라지는 게 보통이다. 보통 성인의 경우 7~8시간 정도의 수면이 적당하다. 그리고 가능하다면 10시 정도에는 잠자리에 들고 아침에 일찍 일어나는 게 하루 일과를 힘차게 보내는 데 도움이 된다. 금연과 금주를 결심하고 있는 사람들이라면 일찍 자고 일찍 일어나는 습관이 많은 도움이 된다.

둘째, 끊임없이 몸과 머리를 움직이는 습관이다. 우리의 몸은 움직이고 쓰면서 노화되기도 하지만 동시에 조절되고 치료되기도 한다. 매일 30분 정도 운동하는 습관은 몸을 건강하게 유지하는 생산적인 시간인 것이다. 머리의 경우도 자투리 시간이나 일정한 시간을 정해서 독서와 사색을 하면 명석함과 긍정적인 사고가 유지된다. 습관적인 독서와 사색의 시간에는 색다른 아이디어가 떠오르기도 하고 풀리지 않던

문제의 해답이 갑자기 실타래 풀리듯 풀리기도 하는 기적의 시간이기도 하다.

셋째, 좋은 식사습관을 만드는 것이다. 밥을 물에 말아 먹는다거나, 너무 빨리 먹는다거나, 뜨겁고 맵고 짠 음식을 즐기는 식습관은 자신의 몸을 혹사시키는 매우 좋지 않은 식습관이다. 현미잡곡밥을 먹고, 화학조미료가 들어가지 않은 자연적인 음식을 섭취하고, 직접 만들어서 정성이 가득한 음식을 먹는 게 좋다. 물론 거의 매일 외식을 해야 하는 직장인들의 경우에는 선택의 폭이 너무도 좁다. 그래서 최선의 선택을 하기보다는 최악을 피하는 방법을 쓸 수밖에 없다. 매일 조금씩이라도 조심하는 것으로부터 건강한 습관은 만들어지는 것이다.

건강을 잃은 뒤에는 후회를 해도 이미 늦다. 그런데 많은 사람들이 자신이 심각한 질병을 앓게 될 것이라고는 상상도 하지 않는다. 한 번 건강에 심각한 이상이 생기면 대부분 원래의 상태로 회복이 되지 않는다. 어떠한 질병과 질환도 반드시 우리 몸에 흔적을 남기게 되어 있는 것이다.

생활습관에 의해 생기는 건강 이상은 교통사고처럼 어느 날 갑자기 우연하게 일어나는 사고 같은 게 아니다. 잘못된 생활습관을 가지고 있으면서도 바꾸지 않는 사람은 본인 스스로 자신의 몸을 조금씩 망치고 있는 것이다. '건강은 건강할 때 지키라'는 말을 금과옥조처럼 여겨야만 할 것이다.

자기암시를 이용하라

유명한 영국의 정신병리학자 J. A. 하드필드는 악력계를 사용해서 암시가 육체에 미치는 영향을 실험했다. 그런데 그 결과가 매우 흥미롭다.

실험대상인 세 남자에게 아무런 암시도 주지 않는 상태에서 악력계를 쥐게 했다. 평균 악력은 101파운드였다. 그런데 그들에게 '당신은 약하다.'는 암시를 준 후 다시 악력을 측정했더니, 겨우 29파운드밖에 되지 않았다. 악력 평균이 3분의 1 이하로 떨어진 것이었다.

마지막으로 '당신은 강하다.'는 암시를 준 후 다시 악력을 측정했다. 그러자 무려 142파운드가 나왔다. 자신감이 넘치는 상태에서는 소극적이고 부정적인 상태였을 때보다 무려 다섯 배나 악력이 증가했던 것이다.

정신이 몸에 영향을 미친다는 사실은 여러 가지 실험으로 이미 증명되고 있다. 몸이 아프면 정신이 약해지고, 정신이 약해지면 그 틈을 타고 어김없이 질병이 찾아오는 것도 그 때문이다. 반대로 몸이 건강하면 정신도 건강해지고, 정신이 건강하면 몸에도 활력이 생기는 것이다.

마음에 상처가 생기면 필연적으로 몸에 질병이 찾아온다. 현대인의 질병의 85% 정도는 마음에서 기인한 질병이라는 이야기도 있다. 마음으로 시작되는 질병은 오직 마음을 치유해야만 몸의 병도 치료가 된다는 것이다.

노력하면 할수록 애를 쓰면 쓸수록 더 풀리지 않는 일들이 있다. 불면증에 시달리는 사람들, 담배와 술을 끊으려고 애쓰는 사람들, 잘못된 습관을 바꾸려고 노력하는 사람들은 이를 잘 알고 있다. 하지만 애를 쓰면 쓸수록 의지를 더할수록 마음대로 되지 않고 원하는 바와 정반대의 결과에 직면하게 된다. 여기서 생기는 스트레스는 너무도 강력해서 인내력과 결의만으로는 이길 수가 없게 된다. 이미 습관화된 무의식이 의지보다 강하기 때문에 생기는 결과이다.

약사 출신의 이름 없는 심리치료사였던 에밀 쿠에는 '자기암시'를 통해 이를 극복할 수 있다고 주장했고 실제로 많은 치료의 사례를 보고했다. 특히 마음으로 생기는 병에 그 효과가 크다. 그리고 오늘날까지도 그 선구자적인 연구로 영향력이 전혀 약화되지 않고 있다.

에밀 쿠에의 자기암시 수행법은 다음과 같다.

매일 아침 잠자리에서 일어나기 전과 매일 저녁 잠자리에 들기 전에 다음의 주문을 나지막하게 숫자를 세어가며 스무 번 반복한다.

'나는 날마다, 모든 면에서, 점점 더 좋아지고 있다.'

특별한 것에 관심을 두어 말하지 말고, 모든 면에서 좋아지고 있다고 생각하며 반복한다.

믿음과 자신감, 그리고 원하는 것을 이룰 수 있다는 확신을 가지고 행한다. 믿음이 크면 클수록 원하는 결과 역시 더 빠르고 강하게 나타나기 때문이다.

몸의 고통이나 마음의 고통이 있을 때는 혼자 있을 수 있는 곳을 찾아 눈을 감고 이마에 손을 얹은 뒤 다음의 주문을 소리내어 아주 빠르게 반복한다.

'곧 사라진다. 곧 사라진다. 곧 사라진다.'

충분하다고 느껴질 때까지 반복하면, 사소한 증세는 20초나 25초 정도면 사라지게 된다. 필요한 경우 다시 반복한다.

성공의 기회를 잡는 데 가장 큰 걸림돌은 변화를 두려워하는 마음이다. 뭔가 새로운 것, 알려지지 않은 것에 대해서는 누구나 두려움을 갖게 된다. 현재의 삶이 고통스럽고 답답한 일들로만 가득하다고 생각되어도 사람들은 현재의 삶에 집착하려는 습성이 있다. 이것으로부터 벗어나고 싶지만 새로운 것에 대한 두려움이 이를 방해하기 때문이다.

따라서 두려움을 극복하기 위해서는 스스로에게 질문을 던져 이유를 묻고 답을 찾고 목표를 정하는 과정이 필요하다. '내 인생은 지금 어떻게 되어가고 있는가?', '내 삶의 목표는 과연 무엇인가?', '목표가 없다면 없는 목표에 어떻게 도달할 것인가?', '왜 나는 발전해야만 하는가?', '나는 잘 살고 있는가?' 이렇게 스스로에게 질문을 던져서 이유를 물어보고 삶을 변화시키기 위해 지금 내가 할 수 있는 게 무엇인지 찾아보라. 자신을 속이는 것은 의미 없는 일이다. 어떤 상황에서도 긍정적인 측면은 늘 있기 마련이다. 두려움을 멈추고, 자신감을 회복하라.

사람들은 믿기 어려울 정도로 엄청난 잠재력을 지니고 있다. 우리가 할 수 있고, 될 수 있고, 가질 수 있는 것의 한계는 오직 우리 자신의 머릿속에만 있을 뿐이다. 우리는 무의식적으로 그리고 습관적으로 만들어진 마음의 노예가 될 것인지, 그 마음에 새로운 습관을 부여해서 주인이 될 것인지 결정할 수 있다. 그리고 지금 바로 실행할 수 있다.

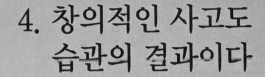

4. 창의적인 사고도 습관의 결과이다

동물들의 천국 탄자니아에 동물원이 있었다. 천혜의 조건을 갖춘 곳이었지만 이 동물원은 경영난에 빠져 있었다. 그러던 어느 날 어떤 직원이 우연히 신문을 읽다가 획기적인 생각을 해냈다. 기사의 내용은 대략 이러했다.

'탄자니아의 마을들은 야생동물들의 잦은 공격으로 골머리를 앓고 있었다. 어른들이 있을 때는 그나마 괜찮았지만 아이들만 집에 있을 때는 안심할 수 없는 지경이었다. 그런데 어느 마을에서 한 여인이 좋은 생각을 해냈다. 철창으로 문을 만들어 아이들만 있을 때는 잠가 두었던 것이다. 그러자 야생동물들이 철창 안으로 들어가지 못하고 주위만 맴돌고 있었다.'

이런 기사를 본 직원은 동물을 가두는 게 아니라 사람을 가두면 어떨까 하는 생각을 하게 된 것이다. 관람차를 철창으로 둘러 야생 그대로의 상태를 관람하게 하면 분명 인기가 있을 것이라고 생각한 것이다. 직원의 아이디어는 곧바로 실행되었고, 동물원은 엄청난 수익을 올리게 되었다.

이렇게 번뜩이는 창의력은 어디에서 나오는 것일까? 창의력도 습관의 결과라고 주장하는 사람들이 있다. 이들은 행동 패턴에만 습관이 있는 것이 아니라 생각하는 방식에도 습관이 있다고 한다. 행동패턴이 습관이 된다는 것은 마치 우리가 걷기 위해 의식적으로 근육을 조절하지 않아도 일정한 방식으로 걷게 되는 것과 같은 원리로 작동한다는 뜻이다. 그리고 생각하는 방식이 습관이 된다는 것은 우리의 뇌가 주위의 자극에 세뇌되어 무의식적으로 기존 방식으로만 작동을 하며 그 결과 다른 생각을 받아들이지 못한다는 것이다.

사실 우리 모두의 생각은 우리의 주변 환경과 주위 사람들에 의해 만들어졌다고 해도 과언이 아닐 것이다. 그래서 우리의 생각은 일정 부분 세뇌되어진 것이라고 할 수 있다. 이것이 고정관념이다. 이 고정 관념은 우리가 만들려고 해서 만들어진 게 아니다. 뇌가 충실하게 자기 할 일을 한 것뿐이다.

때문에 자신의 생각과 다른 사람들의 생각이 다른 것은 너무도 당연하다. 그러나 그런 순간에 나의 생각이 틀렸을 수도 있다고 전제하고 다른 사람들의 생각을 듣는 습관을 의식적으로 가지는 것이 중요하다. 만약 탄자니아 마을의 여인이 생각한 것을 보며 단지 '동물이 아니라 사람을 가두다니 어처구니 없네.' 라고만 생각했다면 동물원 직원은 창의적인 생각을 해내지 못했을 것이다.

이렇게 사고의 유연성은 고정관념을 넘어서서 창의적인 발상으로 이어지게 하는 매우 중요한 요소이다. 이런 면에서 과학은 매우 존경스러운 덕목을 가진 학문이라고 할 수 있다. 과학은 언제든 자신의 이론보다 더 나은 이론이 나오면 자리를 비켜줄 준비가 되어 있기 때문이다. 자, 나의 생각은 원래부터 존재하던 것인가? 어떠한 자극으로 나의 생각이 된 것일까? 궁금하지 않은가?

보이는 것을 믿을까,
믿는 것을 볼까?

옛날 어떤 곳에 한 마을이 있었다. 그 마을은 왕이 사는 성으로부터 60리나 떨어져 있었다. 그런데 그 마을에는 특이한 맛을 지닌 샘물이 있었다. 왕은 그 소문을 듣고 마을 사람들에게 날마다 그 샘물을 길어 보낼 것을 명했다.

하지만 매일 물을 길어 보내는 일이 마을 사람들에게는 큰 부담이 되었다. 그래서 한두 사람씩 마을을 떠나기 시작했다. 사람들이 점점 줄어들자 왕에게 샘물을 길어 보내는 일이 더욱 힘들어졌다.

일이 이렇게 되자 난감해진 촌장은 궁리 끝에 마을 사람들을 불러

모았다.

"여러분, 이 마을을 떠나지 마십시오. 내가 여러분을 위해 왕께 아뢰어 60리를 30리로 고쳐 드리겠습니다."

왕은 촌장의 말을 받아들여 60리를 30리로 고쳐주었고 마을 사람들은 이 소식을 듣고 매우 기뻐했다.

그때 마을의 한 청년이 마을 사람들에게 큰 소리로 외쳤다.

"여러분, 60리를 30리로 고친다고 거리가 가까워지는 것은 아닙니다. 단지 말만 바뀌었을 뿐 여러분은 속고 계신 겁니다."

하지만 마을 사람들은 촌장의 말만 듣고 청년의 말에는 귀 기울이지 않았다. 그리고 30리가 된 그 길을 따라 매일 물을 길어 왕에게 바쳤다.

사람들은 보이는 것을 믿기보다는 믿는 것만 보는 경향이 있다. 살아온 인생의 경험으로 모든 것을 판단한다. 그리고 옳다고 판단하는 것이 아니라 옳다고 믿는다.

이처럼 마을 주민에게 30리는 60리보다 짧다는 믿음만이 존재했지 실제 거리가 짧아졌는지에 대한 판단이 없었다. 그리고 자신의 경험이 만든 세계에 갇혀 청년의 외침을 외면했다. 주변을 둘러보면 터무니없는 믿음을 가진 사람들을 의외로 쉽게 발견할 수 있다. 그런데 정작 그 사람들의 말을 들어보면 자신의 믿음은 매우 과학적인 근거에 의한 것이고, 팩트에 기반한 것이라고 이야기한다.

세뇌는 매우 쉽게 이루어진다. 간단한 예로 피라미드 조직의 교육을 제대로 받으면 당장 내일이라도 큰 부자가 될 수 있다고 믿어버리게 된다고 한다. 사실 대부분의 사람들은 자기도 모르는 선입관을 가지고 있다. 그것은 자라오면서 주변의 정보들이 합리적인 판단 없이 내면화한 것이다. 다시 말하면 내 생각이지만 내 생각이 아닌 것이기도 하다는 것이다.

따라서 내 생각만이 옳다고 주장하는 것은 스스로 자신이 지혜로운 사람이 아니라는 것을 주장하고 있는 것이다.

창의력에는 한계가 없다

　　대학생인 카니 형제는 학비와 용돈을 벌기 위해 피자장사를 시작하기로 했다. 그래서 어머니에게 빌린 600달러로 피자를 팔던 허름한 가게를 얻었다. 그리고 간판을 걸어야 했는데 새 간판을 만들어 걸기에는 너무 부담스러웠다.

　　가게의 예전 간판에는 'pizza'라는 다섯 글자가 붙어 있었다. 예전 간판에서 가게 이름 세 글자는 떼어냈기 때문에 다섯 글자만 남아 있었다. 그래서 세 글자만 더해 간판을 완성하기로 했다.

　　그때 가족 중 누군가가 말했다.

　　"건물이 꼭 오두막(hut)처럼 생긴 것 같아."

그 말에서 힌트를 얻어 결국 세 글자는 'hut'으로 채워졌다. 이것이 바로 '피자 헛'의 출발이었다.

이후 피자헛은 미국, 영국, 러시아, 중국 등 110개국에서 세계적인 피자 전문 레스토랑으로 자리잡았다.

한 연구에 따르면, 인간이 가진 뇌의 능력은 브리태니커 백과사전을 모두 외우고도 40개국어를 유창하게 할 수 있으며, 수십 개 대학의 필수 과정을 다 마칠 수 있다고 한다. 하지만 대부분의 사람들은 그 능력의 겨우 10퍼센트 정도만 쓰고 있을 뿐이다.

창의력에는 한계가 없다. 우리의 뇌가 정상적인 기능을 하고 있는 한 거의 무한대로 이용해도 전혀 없어지지 않고 오히려 더 활성화되는 자원이다.

조그만 뇌가 무한한 창의력을 발휘할 수 있는 까닭은 무엇인가? 기존의 것들을 버리기 때문이다. 뇌는 더 새롭고 더 필요한 것을 위해 낡은 것 중에서 무엇을 버려야 하는지 판단하고 가장 쓸모 없는 것부터 버린다. 그러므로 자신의 낡고 쓸모 없는 생각이 무엇인지 의심해보고 판단하여 버리지 않고는 창의력을 발휘할 수 없다.

그래서 창의력이 뛰어나다는 이야기를 듣는 사람들은 대부분 사고가 자유로운 사람들이다. 고정관념이라는 벽을 깨고 낡은 생각의 습관을 버리고 나면 그때서야 내 기존의 생각 너머에 있는 것들을 볼 수 있다. 어느 날 갑자기 쓸데없다고 여겨졌던 것들 속에서 아이디어가 떠오르고 매우 중요한 원칙이라고 여겨졌던 것들이 허망하게 느껴지는 것은 모두 두뇌의 창의적 활동이다.

창의는 관찰에서 시작된다

한 제과회사 사장이 있었다. 그는 아이들이 아이스크림을 먹을 때 얼굴과 손에 묻히거나 다 먹지 못하고 남기는 것을 눈여겨보았다. 이유가 무엇일까 궁금해 하던 그는 아이스크림의 크기가 아이들에게는 너무 크다는 생각을 하게 되었다. 그래서 그는 아이들도 한 입에 먹을 수 있는 값싼 아이스크림을 생각해 냈다. 그가 만든 크기가 작은 아이스크림은 최고의 히트 상품이 되었다.

그 제과회사 사장은 아이스크림을 아이들의 눈높이에서 본 것이다. 그래서 다른 사람들이 그냥 지나칠 수 있던 것을 발견할 수 있었던 것이다.

이와 같이 창의란 관찰에서 얻은 지식을 응용하는 것이다.

루드는 1905년 미국 조지아 근교에서 가난한 농군의 아들로 태어났다. 어려운 가정형편 때문에 어린 나이에 도시로 가서, 신문배달, 사환 등을 거쳐 병을 만드는 공장에서 일하게 되었다.

루드에게는 주디라는 여자 친구가 있었는데, 어느 날, 주디가 신문 광고를 오려서 루드에게 보여주었다. 코카콜라의 병 모양을 현상 공모한다는 내용이었다. 조건은 모양이 예쁘고, 물에 젖어도 미끄러지지 않으며, 보기보다는 콜라의 양이 적게 들어가는 병을 만들어야 한다는 것이었다.

루드는 6개월간 휴직을 하고 오로지 병 모양을 생각하는 데 온 힘을 쏟았다. 그러나 6개월이라는 마감기한이 거의 눈앞에 다가왔지만 루드의 작업에는 진전이 없었다.

그리고 6개월째 되는 날 마침내 모든 고민이 한꺼번에 해소되었다. 루드는 주디가 입고 있는 옷을 보는 순간 '아, 이거다!' 하고 소리를 지르며 주디의 모습을 스케치하기 시작했다. 주디가 입고 있던 옷은 당시에 유행하던 긴 주름치마였다.

루드는 주디가 입고 있던 주름치마의 주름을 강조한 병을 고안해서, 무려 600만 달러의 거금을 받고 코카콜라 회사와 계약했다.

아는 만큼 보인다는 말이 있다. 이를 다시 말하면 생각한대로 보인다는 말도 될 것이다. 같은 물건이 놓여 있어도 사람들은 저마다의 생각을 투영해서 보기 때문에 다르게 본다는 것이다. 그런데 생각이 고정되어 있으면 사물은 언제나 같은 의미로만 보이기 때문에 새로운 생각을 할 수 없다.

관찰은 고정된 생각으로부터 벗어나 사물을 보게 한다. 주관으로부터 벗어난 관찰은 새로운 것은 물론 과거에 보았던 사물에 대해서도 새로운 정보를 제공하게 해주고 이 정보가 창의력의 원천이 된다. 그래서 창의는 관찰에서 시작된다고 하는 것이다.

발명은 불편함에서 시작된다

    오래 전에 일본에 이마이즈미라는 사람이 있었다. 이 사람은 평범한 샐러리맨으로 발명이나 창의와는 별로 상관이 없는 사람이었다.

    그런데 어느 날 고향을 다녀올 일이 생겼다. 그런데 고향까지는 열일곱 시간이나 기차를 타고 가야 했다. 그래서 여행길에 뭔가 심심풀이가 될 만한 재미있는 책이 없을까 하고 친구에게 물었다.

    "그럼 이번 여행길엔 책보다는 노트와 연필을 가지고 무엇이든 생각하면서 다녀오면 어때? 연필에 고무지우개를 붙이는 아이디어로 큰돈을 번 사람도 있다잖아. 그러니 자네도 차에서 돈벌이 궁리를 해보는 게 어떤가?"

그는 이런 친구의 말을 무심결에 듣고 넘겼다.

기차가 시즈오카에 닿을 무렵 청소부가 좌석 밑을 청소하기 시작했다. 그런데 그게 여간 힘든 일이 아니었다. 그때 문득 친구가 했던 말이 떠올랐다.

'청소를 쉽게 할 수 있는 비를 생각해보자.'

그는 기차가 고향 역에 도착할 때까지 열 개가 넘는 이상한 모양의 비를 노트에 그렸다. 친구의 조언 덕분에 그는 지루하지 않고 즐거운 여행을 할 수 있었다.

그리고 노트에 그렸던 그림 중 '솔에 긴 자루를 단 것 같은 모양을 한 비'의 실용특허를 출원했다. 이후 그 비가 상품화되었고 매상의 5%라는 엄청난 로열티를 받게 되었다. 주위에서 흔히 볼 수 있는 T자 모양의 비가 바로 그가 고안한 비이다.

그는 그 후에도 발명에 재미를 붙여 '골프공이 자동으로 나오는 기계'를 비롯한 수십 가지의 실용특허를 받아 사업가로 변신했다.

발명이라는 것은 특별한 사람들만 할 수 있는 거창한 것이 아니다. 발명은 아주 미세한 것에서부터 아주 거대한 것에 이르기까지 모든 것을 말한다. 그런데 어떤 발명도 모두 현재의 불편을 개선하기 위해 만들어진 것이다. 때문에 현재에 불편을 느끼는 누구라도 유심히 관찰하면 발명을 할 수 있는 가능성을 가지고 있다. 또한 그래서 과거에 아무리 많은 발명품이 나왔더라도 발명의 여지는 여전히 무궁무진하다. 우리 생활 속의 불편함이 존재하는 한 그 모든 것이 발명의 대상이 되기 때문이다.

자유로운 생각 안에 답이 있다

　사람들은 누구나 변화를 싫어한다. 변화란 불편하고 귀찮은 것이기 때문이다. 그래서 익숙해진 일을 앞으로도 계속 익숙해진 방식으로 해결하고 싶어 한다. 하지만 남보다 앞서려면, 고정관념에서 벗어나 아무도 생각하지 못한 창의적인 발상을 해야 한다.

　조지 바라스의 머릿속에 제초기를 발명할 아이디어가 떠오른 곳은 세차장이었다. 그는 평소에 쪼그려 앉은 자세로 잡초를 뽑으면서 이 불편함을 없앨 수 있는 방법은 없을까 하고 궁리하고 있었다. 차를 닦아내는 세차용 브러시가 고속으로 회전할 때 똑바로 뻗는 것을 보고 그는 아이디어를 얻게 되었다.

바라스는 집에 돌아가자마자 팝콘 캔에 구멍을 뚫고 나일론 끈을 넣었다. 그리고 원예용 기계의 회전하는 날을 빼고 준비한 캔을 연결한 후 조심스럽게 작동시켜 보았다. 소음이 좀 크긴 했지만 생각했던 만큼의 성과를 얻을 수 있었다. 그는 이 아이디어를 계속 개선하고 발전시켰다. 이 제추기는 몇백 만 달러에 달하는 국제적 기업의 바탕이 되었다.

창의적인 발상의 첫걸음은 할 수 있다고 믿는 데 있다. 할 수 없다는 생각은 제자리걸음이며 곧 퇴보하는 생각이다. 자신에 대한 믿음은 자유로운 생각을 부추기지만, 자신에 대한 불신은 자유로운 생각에 브레이크를 건다.

어떤 문제가 닥쳤을 때 어떤 사람들은 지레 겁을 먹고 물러서버린다. 그러나 어떤 사람들은 번뜩 떠오르는 아이디어를 구현하기 위해 집요하게 매달린다. 이렇듯 문제를 해결할 수 없게 만드는 것은 대부분 일의 어려움이 아니라 스스로 해결할 능력이 없다고 포기해버리는 데 있다.

할 수 있다는 자기확신이 생기면 자신을 믿고 자신의 생각을 믿어야 한다. 그리고 지금까지 해보지 않았던 방법들을 생각해내고 도전해보아야 한다. 창의적인 발상은 자유로운 사고와 자기확신이 있을 때에만 떠오른다.

고정관념은 실패와 기회를 구별하지 못한다

창의적 사고에 가장 큰 장애가 되는 것은 고정관념이다. 의식주, 인간관계 등 우리 일상의 대부분은 고정관념의 틀을 벗어나지 못한다. 고정관념은 시간과 노력의 효율성을 떨어뜨리고, 가능성에 대해 확신하지 못하게 하며, 자유로운 사고를 경직시켜 한정된 방식으로만 생각하고 움직이도록 한다.

짚신장수와 우산장수 아들을 둔 할머니가 살았다. 할머니에게는 큰 고민이 하나 있었다. 함께 장사를 나갔는데도 날씨에 따라 두 아들의 표정이 달랐기 때문이다. 맑은 날에는 짚신을 많이 판 짚신장수 아들이 기쁜 얼굴로 돌아왔지만, 우산을 조금밖에 팔지 못한 우산장수 아들은 슬픈 얼굴로 돌아왔다. 날씨가 궂은 날은 정반대였다.

할머니는 언제나 슬플 수밖에 없었다. 힘들어하는 아들에게 신경이 더 쓰이는 게 부모의 마음이기 때문이었다. 그런데 곁에서 그 모습을 지켜보던 손자가 할머니에게 말했다.

"에이, 할머니는 바보야. 기쁜 일만 생각해봐요. 맑은 날에는 짚신을 많이 팔아서 좋고, 비 오는 날에는 우산을 많이 팔아서 좋잖아요. 얼마나 기뻐요!"

손자의 말에 할머니는 고개를 끄덕였다. 맑아서 좋고 비가 와서 좋다고 생각하기 시작한 할머니는 비로소 시름을 잊을 수 있었다.

장사가 안 되는 아들만 생각하던 할머니는 언제나 걱정이었지만 장사가 잘 되는 아들만 생각하자 할머니는 언제나 기뻤다. 이렇게 단지 생각하는 방식만으로도 결과가 달라진다. 실패라고 생각하는 것 중에서도 고정관념을 벗어버리면 기회가 되는 것들이 있다.

실수로 공장의 스위치를 내리지 않아 생긴 비누 거품은 기존의 비누를 만드는 데 실패한 것이지만, 고정관념을 벗어나 이 거품을 눌러 아이보리 비누를 만든 것은 창의력이었다. 그리고 이 창의력이 지금의 프록트 앤 겜블이라는 대기업을 만들었다. 고정관념에서 벗어나면 이처럼 실패도 기회가 될 수 있다.

찾아온 기회도 쫓아버리는 습관 20

1. 후회하는 데 많은 시간을 보낸다

후회는 쓸 데 없는 기운을 낭비하게 만든다. 후회로는 아무것도 이룰 수 없다. 결코 후회하지 말고 뒤돌아보지도 말라.

2. 잘못된 관계를 계속 유지한다

잘못된 관계는 균형이 맞지 않는 관계다. 일방적으로 주거나 받는 관계에는 희생이 따른다. 이런 잘못된 관계를 끊어야 한다. 관계란 혼자 맺을 수 없는 것이다. 그러므로 누구라도 결심만 하면 이런 관계는 정리될 수 있다.

3. 중독에 빠진다

중독물질은 사람의 몸을 변화시켜서 일정한 양을 계속 유지하도록 만든다. 그 욕심이 채워지지 않는 경우 중독물질은 우리의 몸과 마음을 괴롭힌다. 자신의 몸과 마음의 주인 자리를 중독물질에 내줄 것인지 스스로 주인이 될 것인지 결정해야 한다. 잠시의 고통이 따르겠지만 그 후에는 새롭게 자유로운 세상에서 살 수 있다.

4. 쓸데없는 죄책감에 괴로워한다

죄책감도 후회처럼 아무것도 바꾸지 못한다. 잘못을 했을 때는 바로 잘못의 원인을 찾고 그 결과에 대해서 책임을 져야 한다. 일어난 일들에 대한 책임을 회피함으로써 죄책감이 생긴다. 양심의 가책으로 인한 죄책감이라면 속죄를 할 수 있는 다양한 방법들이 있다. 행동없는 죄책감은 자신의 영혼만 갉아먹을 뿐이다.

5. 능력 이상으로 일한다

세상의 일을 다 떠맡으려고 하지 마라. 선의의 행동이 언제나 선의의 결과로 이어지지는 않는다. 100번 도와주다가 한 번 도와주지 않으면 비난의 화살이 날아온다. 자신에게 오는 일들 중에서 할 수 있는 일과 할 수 없는 일을 구별하는 현명함이 필요하다. 할 수 없는 일들은 과감하게 거절하라. 다른 사람들은 우리가 할 수 있는 일들의 한계를 모른다.

6. 모든 기준을 돈에 둔다

행복한 삶을 살기 위해서는 반드시 돈이 필요하다. 그러나 어느 정도 이상의 돈은 행복에 영향을 주지 않는다는 연구가 있다. 행복을 위해 돈이 필요한 것인지 단지 돈을 벌어들이는 것을 목적으로 하는 것인지 스스로 돌아보라. 세상에는 부족한 돈으로도 행복하게 살아가는 사람들이 있다. 그들의 인생의 방향이 다르기 때문이다.

7. 인생은 한 방이라고 생각한다

인생역전을 한 판의 도박으로 결정지으려는 사람들이 있다. 그러나 인생은 도박판이 아니다. 기회는 준비와 노력의 결과물이지 우연히 얻어지는 게 아니다. 사람들은 더 어려운 곤경에 처할수록 기적같은 행운을 바라는 경향이 많아진다. 그러나 기적이 일어날 확률은 불가능에 가깝고, 기적이 일어나지 않을 확률은 거의 100%에 가깝다. 벽돌을 한 장 한 장 쌓아 집을 올리는 것처럼 그렇게 천천히 조금씩 인생은 변화되는 것이다.

8. 원치 않는 직장에 계속 다닌다

많은 사람들이 자신이 다니는 직장에 만족하지 못한다. 출근해서도 의욕이 없고 성과를 내기도 힘들다. 당연히 직장에서 인정받지 못하는 경우가 대부분이다. 세상에는 많은 선택지가 있다. 단지 그것을 선택할 용기가 없을 뿐이다. 그렇게 용기가 없다면 그냥 다니는 게 낫다. 굽히고 노력하면서 그 안에서 먼저 인정을 받는 게 빠른 길이다. 그것도 하나의 선택이다.

9. 다른 사람에게 도움을 요청하지 않는다

무슨 일이든 혼자서 다 싸안고 해결하려는 사람들이 있다. 주위에서 도움을 손길을 내밀어도 거절하고 혼자 하려고 한다. 사람은 혼자서는 살아갈 수 없다. 서로 도움을 주고 받으며 어깨 걸고 사는 게 세상이다. 도움을 요청했을 때 거절당할까 봐 하지 못하는 사람들도 있다. 도움을 받은 만큼 다음에 자신도 도움을 주면 된다. 세상은 그렇게 살아가는 것이다.

10. 할 일을 미룬다

일을 미루는 이유는 두 가지다. 게으르거나 일처리가 미숙한 것이다. 이유가 게으름에 있다면 반드시 자신의 습관을 점검해보아야 한다. 일처리가 미숙해서라면 노력과 시간을 통해 극복될 수 있다. 내일을 생각하지 않는 사람은 일을 미루는 데 무감각하다. 그러나 내일을 생각하는 사람은 일을 미루는 게 얼마나 어리석은 일인지 알고 있다.

11. 약속을 지키지 않는다

약속을 지키지 않는 사람은 다른 사람들로부터 신뢰할 수 없다는 평가를 받는다. 목적을 가지고 사는 사람들이 아주 작은 약속도 어기지 않으려고 민감하게 구는 것은 그래서 매우 중요한 철칙이라고 할 수 있다. 지킬 수 없는 약속은 아예 하지 않는 것이 좋다. 그러나 한 번 한 약속이라면 반드시 지켜야 한다. 언젠가는 약속을 지키지 않는 습관이 발목을 잡고 실패라는 늪 속으로 끌고 들어갈 것이다.

12. 지나치게 남의 시선을 의식한다

사람들의 겉모습이 모두 다른 것처럼 취향도 성향도 모두 다르다. 제각기 모두가 저마다의 개성을 가지고 어울려 사는 것이 세상이다. 그리고 자기 인생의 주인은 자기 자신이다. 다른 사람들의 눈치를 보느라 자기가 원하는 인생을 살 수 없다면 그것은 남의 인생을 사는 것이나 다름없다. 다른 사람의 취향에 자신을 맞추려고 하지 말고, 다른 사람의 취향을 존중해주는 것이 바람직한 삶의 방식인 것이다.

13. 모든 사람을 만족시키려고 한다

누구도 세상 모든 사람을 만족시킬 수는 없다. 주위에 있는 사람들 중 절반만 만족시켜도 충분하다. 모든 국민들에게 공평하다는 법률도 모든 사람들을 만족시키지는 못한다. 분명히 누군가는 불만을 가지게 되는 것이다. 오히려 불만을 약으로 받아들이는 편이 낫다. 생각이 같은 사람들끼리는 같이 어울릴 수는 있어도 배울 수는 없지만, 생각이 다른 사람과는 어울리지는 못해도 배울 점이 있다.

14. 책을 읽지 않는다

세상에는 방대한 양의 지식이 바다처럼 펼쳐져 있다. 지금 이 순간에도 새로운 정보과 지식이 쌓여가고 있다. 지식은 어떤 수단을 통해서라도 얻을 수 있다. 그러나 지혜는 그렇지 않다. 지식이 많다고 해서 꼭 지혜로운 사람이 아닌 것은 바로 그 때문이다. 지금은 모두가 지식의 두께로 평가되는 시대다. 암기를 잘하는 사람이 성공하는 시대인 것이다. 지식인을 지혜를 가진 지성인으로 만들어주는 것은 독서이다. 특히 인문학은 지식의 바다를 비춰주는 등대와 같아서 우리의 삶에 방향을 제시해 준다.

15. 실수를 두려워한다

우리는 실수를 통해서 배우고 실수를 통해서 성숙한 어른이 된다. 세상에 실수를 하지 않는 사람은 없다. 실수하지 않으려고 하면 더 하게 되는 게 실수다. 실수를 하지 않으려고 아무것도 하지 않는 사람도, 그 아무것도 하지 않는 게 되돌아보면 실수이다. 생각 외로 사람들은 자신의 실수에 대해서는 엄하고, 다른 사람의 실수에 대해서는 관대하다. 같은 실수를 반복하지 않으려고 노력하면서 우리는 어른이 되고 지혜로워지고 관대해지는 것이다.

16. 완벽자주의자가 되려고 한다

많은 사람들이 스스로 완벽해지기 위해 노력한다. 그런데 완벽은 그냥 추상적인 개념일 뿐이다. 실제로 완벽한 존재는 신밖에 없다. 때로는 자기 자신에 대한 너무 엄한 기준을 조금 낮출 필요가 있다. 그렇지 않으면 언제나 불안하고 불편한 인생을 살게 된다. 우리 인생의 목표가 완벽함이 아니라 만족감과 행복이라는 것을 염두에 두고 집착의 끈을 내려놓음으로써 스스로 완벽이라는 올가미를 벗을 필요가 있다.

17. 어떤 일도 거절하지 않는다

'YES' 와 마찬가지로 'NO' 는 자기의 의사를 표현하는 방식이다. 다른 사람의 부탁을 거절하지 못하는 사람은 착한 사람이 아니라 어리석은 사람이다. 주위 사람들에게 '착한 사람' 이라거나 '좋은 사람' 이라는 말을 듣는다면 조용히 자신을 돌이켜볼 필요가 있다. 다른 사람들을 이용하려는 사람들은 언제나 말 속에 꿀을 바르고 있기 때문이다. 다른 사람들의 부탁을 거절하지 못하고 모두 받아들이는 사람은 결국 자신의 대부분의 시간을 남들을 위해서 보내고 있는 것이다. 자신의 인생을 남들의 성공을 위해 희생하는 사람은 성공을 위한 어떤 기회도 잡을 수 없다. 거절 당할까 봐 부탁하지 못하는 사람이나 어떤 부탁도 거절하지 못하는 사람은 모두 다 거의 성공할 가능성이 없는 인생을 살고 있는 셈이다.

18. 잘나가는 사람에게 질투의 마음을 갖는다

질투와 부러움은 다르다. 사돈이 땅을 사면 배 아픈 게 질투이고, 나도 땅을 샀으면 좋겠다고 생각하는 게 부러움이다. 부러움은 자신에게 약이 되지만 질투는 자신에게 독이 된다. 질투는 증오심을 낳고 증오심은 행복과 즐거움을 파괴한다. 성공을 꿈꾸는 사람이라면 주위 사람들에게서 질투보다는 부러움을 받도록 노력해야 한다. 성공으로 가는 길에서 억울한 사람들을 만들지 말고 항상 주위 사람들을 돌아보고 배려해야 한다. 그래서 성공했을 때 부러움과 존경을 받을 수 있는 것이다.

19. 좋은 생각이 있어도 행동하지 않는다

생각만으로는 아무것도 바꿀 수 없다. 금주나 금연을 각오하는 사람들을 볼 수 있다. 하루에도 몇 번씩 각오하고 다짐하지만 실제로 행동으로 옮겨 성공하는 사람은 드물다. 그래서 사람을 평가할 때는 그의 말이 아니라 행동으로 평가하는 것이다. 사람들 중에는 같은 시기에 비슷한 생각을 하는 사람들이 꽤 많다. 그래서 같은 아이디어를 떠올려도 어떤 사람은 행동으로 옮겨서 성공하고 어떤 사람은 그들을 부러운 눈으로 바라본다. 그리고 아까운 기회를 놓쳤다고 후회한다. 성공은 실행하는 사람들의 몫이다.

20. 언제나 말을 많이 한다

혀를 잘 관리하면 사람들로부터 신뢰를 얻지만, 혀를 잘 관리하지 못하면 사방에 적을 만들게 된다. 말을 많이 할수록 실수할 확률은 급격하게 높아진다. 특히 누군가에 대한 비난이나 험담은 반드시 대가를 치르게 된다. 그리고 주위 사람들에게 공동의 적이 되기 쉽다. 대화의 자리에서 혼자 주도권을 쥐고 말을 많이 하는 사람은 점점 대화를 나눌 사람이 줄어들게 되고, 누군가의 잘못을 지적할 때도 지나치게 되면 반성이 아니라 반항의 마음을 들게 만든다. 말이 많은 사람은 주위 사람들로부터 귀찮은 사람이 되기 쉽다. 단지 본인만 모르고 있다는 것이 문제이다.

CHAPTER 4
기회와 인간관계,
실패와 기회의 관계

1 기회는 인간관계 속에서
만들어진다

축구 경기 도중 지나친 반칙으로 상대선수에게 치명적인 상처를 입히면 우리는 반칙한 선수를 비난한다. 그리고 동업자 정신이 없다고 말한다. 인생의 게임에서도 마찬가지다. 적당한 선에서 서로 타협하고 조정해서 서로 치명상을 입는 상황까지 가지 않으려고 자제한다. 이것이 일반적인 경쟁의 룰이다. 상대방을 이기기 위해서 상대방의 존재 자체를 소멸시키지 않는 것이다. 이것은 개인 간의 관계에서도 마찬가지다.

우리는 어려움에 처한 사람을 보면 기꺼이 손을 내민다. 혼자서 어려울 때는 다른 사람들에게 도움을 요청하고 모두 같이 어려움에 처한 사람을 돕는다. 우리는 우리 자신이 어려움에 처했을 때도 누군가가 그렇게 손을 내밀어줄 것이라는 것을 안다. 이것이 일반적인 인간관계이며 내밀어 주는 손이 어려움에 처한 사람에게는 소중한 기회이다. 우리는 서로에게 기회를 주고받는 그런 관계의 촘촘한 그물망 속에서 살고 있는 것이다.

'사다리를 오를 때 가장 힘든 것은 밑에서 사다리를 흔들어대는 사람들이다.' 라는 말이 있다. 하지만 그것보다 더 힘든 것은 '사다리를 다 오른 후에 그 사다리를 걷어 버리는 사람들' 이다. 다른 사람들이 꿈을 꾸고 성공을 이룰 수 있는 기회를 빼앗아버리는 사람들은 지금도 도처에 널려 있다. 물론 그 사람들은 성공한 사람들이다.

그런데 오늘도 이렇게 사다리를 걷고 있는 성공한 사람들이 모르는 게 있다.

첫째는 행운으로 만들어진 사다리보다는 사람들의 땀과 배려로 만들어진 사다리가 훨씬 더 튼튼하다는 것이다. 사람들이 성공을 꿈꾸는 이유는 행복해지기 위해서이다. 행복은 더러운 물에서 홀로 아름다운 연꽃이 아니라, 무더기로 피어나는 코스모스 같은 것이다. 한 송이만으로 아름다운 꽃은 드물다. 꽃은 넓은 곳에 한가득 어울려 피어야 아름답다. 마찬가지로 사람들도 주위 사람들과 함께 어울려 같이 꿈을 꾸어야 행복하다.

둘째는 사다리가 하나만 있는 게 아니라는 것이다. 하나의 사다리를 없애도 다른 사다리가 기다리고 있고 또 다른 사다리가 있다. 사다리를 걷는 사람들은 그 모든 사다리를 걷을 수는 없다.

꽃은 꽃밭에 있어야 아름답고 사람은 사람들 속에 있어야 행복할 수 있다. 행복한 성공은 다른 사람들의 기회를 빼앗아 얻을 수 있는 게 아니다. 오히려 다른 사람에게 만들어 줌으로써 오히려 자신도 기회를 얻고 그렇게 서로의 성공을 격려하는 속에서 만들어지는 것이다.

부러움과 질투는 다르다

어떤 사람이 나귀와 염소를 기르고 있었다. 나귀는 열심히 일한 대가로 언제나 맛있는 먹이를 양껏 먹을 수 있었다. 염소는 주인의 사랑을 독차지하는 나귀가 밉고 싫었다. 그래서 염소는 나귀를 쫓아버릴 한 가지 꾀를 생각해냈다.

"나귀야, 너는 참 힘들겠구나. 방앗간에서 곡식을 가는 일도 힘든데, 무거운 짐까지 지고 다녀야 하니까 말이야."

"좀 힘들긴 하지만 뭐 괜찮아."

나귀의 대답에 염소는 잘 됐다 싶어 말을 이었다

"그렇게 열심히 일하지 말고 구덩이에서 넘어져봐. 아프면 쉴 수 있잖아."

나귀는 염소의 말에 귀를 쫑긋 세웠다. 일리가 있는 말이었다.

다음날 염소의 말대로 나귀는 구덩이 옆을 지날 때 일부터 구덩이로 떨어졌다. 그러자 주인이 허겁지겁 수의사를 불렀다.

한참동안 나귀의 상태를 살펴보던 의사가 조용히 입을 열었다.

"나귀의 상처에는 염소의 허파가 필요합니다. 염소의 허파를 달여서 상처에 발라 주세요."

성공한 사람들을 바라보는 두 가지의 시선이 있다. 하나는 부러움이고 하나는 질투이다. 부러움은 '나도 저렇게 되고 싶어.' 이고 질투는 '언제까지 잘 되나 두고 보자.' 이다.

부러움이라는 감정은 긍정적인 에너지를 가지고 있다. 그래서 성공한 사람들을 보며 자신도 성공한 모습을 상상해본다. 그들이 성공하기 위해 얼마나 긴 시간 동안 피와 땀을 흘리며 노력해왔는지도 알고 있다. 그래서 자신도 그들처럼 죽을 각오를 하고 성공해보고 싶다는 생각을 하고 성공에 도전한다. 자신의 멘토가 되는 그 사람이 더 많은 성공을 이루기를 바라고 더 많은 존경을 받기를 기원한다.

반면에 질투라는 감정은 부정적인 감정이다. 성공한 사람들을 시기하고 그들의 성취를 깎아내린다. 그리고 그들이 잘못되기를 바란다. 그들이 성공한 이유는 단지 운이 좋아서일 뿐이며 자신도 운만 따라준다면 그들 부럽지 않게 성공할 수 있다고 생각한다. 그래서 그들이 투자에 실패했다거나 회사가 어려워졌다는 이야기를 들어야 즐거워진다.

　시기와 질투는 사실 부럽다는 말과 같은 의미를 담고 있다. 그러나 질투는 자신은 하지 못한 것을 그들은 해냈기 때문에 화를 내는 것이다. 그리고 질투라는 감정은 질투의 대상뿐만 아니라 자기 자신도 파괴하는 힘을 가지고 있다.

　질투는 이처럼 부러워하는 사람의 잘못된 반응이다. 하지만 꼭 그들만의 잘못은 아니다. 성공했다고 여겨지는 사람 중에 존경받을 수 없는 사람들도 존재하기 때문이다. 그리고 이 사람들은 다른 사람들의 분노가 자신을 향하고 있음을 알고 있기 때문에, 사다리에 오르자마자 사다리를 걷어 버리는 행동을 하여 더욱 큰 분노를 일으키게 한다. 하지만 다른 사람들로부터 존경받아 마땅한 방법으로 성공한 사람들은 자신도 한때는 누군가를 부러워하고 질투하는 두 가지를 모두 겪어봤기 때문에 세상 사람들이 자신을 보는 시각이 두 가지일 수 있다는 것을 안다. 그래서 그들은 질투하는 사람들에게 손을 내밀고 배려한다. 그래서 그 손을 잡고 질투보다 부러움을 택한 사람들이 성공의 길로 접어들도록 도와준다. 그러나 대부분의 사람들은 부러움보다는 질투를 택한다. 그 이유는 자신의 잘못을 자신이 아닌 다른 사람에게 돌리는 경향을 갖고 있기 때문이다. 이러한 현상은 주위 사람에 대한 평가에서도 마찬가지여서 상대를 위한다는 생각으로 그를 비판하더라도 그 비판을 고마워하지 않고 반대로 상대의 보이지 않는 단점을 찾아내 비판한다. 따라서 누구든 신랄한 비판을 받게 되는 사람은 속으로는 이를 갈고 있다는 것을 명심해야 한다. 앞에서는 무표정한 얼굴로 꾸지람을 듣고 있는 사람도, 고분고분하게 고개를 끄덕이며 앉아있는 사람도 그들의 가슴속에서는 활활 타오르는 불꽃으로 일렁이고 있는 것이다. 뭔가 표현하고 싶지만 단지 참고 있을 뿐이다. 비난은 어떤 이유로든 상대방의 자존심을 건드려 가슴에 상처와 지워지지 않는 흉터를 남기게 되는 것이다.

때문에 먼저 비난하고 싶은 사람의 입장이 되어서 그가 왜 그런 행동을 했는지 알아보는 게 순서이다. 그 이유를 알게 되면 상대방을 설득할 수도, 관용을 베풀 수도 있게 되는 것이다.

벤자민 프랭클린은 '나는 절대로 남을 나쁘게 말하지 않는다. 불평이 없는 나의 말 속엔 오로지 상대방의 장점만이 있을 뿐이다.' 라고 말했다. 영국의 사상가인 칼라일은 '사람들을 다루는 모습을 보게 되면 그가 어떤 인격의 소유자인지 알 수 있다.' 고 말했다.

다른 사람을 비난하기 전에 먼저 자신을 돌아보고 스스로를 변화시키는 게 더 빠른 길이고 유익한 길이라고 할 수 있다. 스스로 변화되려는 노력은 누구에게도 해가 되지 않으며 모두에게 도움이 되는 자기계발에 꼭 필요한 가치 있는 일인 것이다.

사람은 관계 속에서 성장한다

그녀는 열 살 때 고아가 되었다. 그녀는 한 끼 식사를 위해 힘든 일을 하며 어렵게 살았다. 그러나 이 소녀에게는 남들이 갖지 못한 자산이 하나 있었다. 그것은 낙관적인 인생관이었다. 그녀의 이름은 엘리노어였다.

엘리노어는 어떤 절망적 상황에서도 비관적인 말을 하지 않았다. 젊은 시절 남편인 루스벨트 대통령이 갑작스럽게 소아마비에 걸려 휠체어를 타고 다녀야 했을 때도 그녀는 좌절하지 않았다. 방 안에 꼼짝도 안 하는 그를 그녀는 한동안 아무 말도 하지 않고 지켜보기만 했다. 그러던 어느 날 그녀는 함께 산책을 하자고 제안했다. 며칠 동안 큰 비가 오고 난 맑게 갠 날이었다.

"비가 오거나 흐린 날 뒤에는 꼭 이렇게 맑은 날이 오지요. 당신도 마찬가지예요. 당신은 뜻하지 않은 일로 다리가 불편해졌지만, 그렇다고 달라진 것은 없어요. 지금의 이 시련은 더 겸손하게 맡은 일을 열심히 하라는 신의 뜻일 거예요. 그러니 우리 조금만 더 힘을 내봐요."

그 말에 힘을 얻은 루스벨트는 임기를 훌륭하게 마칠 수 있었다. 그녀는 미국의 역대 퍼스트레이디 가운데 가장 호감 가는 여성으로 꼽혔다.

인생이란 혼자 살아가는 외로운 길인 것 같지만 실상은 누군가의 도움이 항상 있기 마련이다. 자신이 잘 아는 사람일 수도 있고 전혀 모르는 사람일 수도 있다. 사람들은 관계들 속에서 알게 모르게 서로 영향을 주고받으며 산다.

그래서 오늘 내가 누군가에서 선의를 베풀었을 때 그 사람은 또 다른 사람에게 선의를 베풀 수 있게 되는 것이다. 그렇게 서로 보이지 않는 연결고리 속에서 서로 도움도 주고 격려도 하고 위로도 받고 하는 것이다.

세상에 홀로 남겨졌다고 생각될 때가 있다. 주위에 아무도 없고 누구도 나에게 관심이 없다고 느껴질 때가 있는 것이다. 모든 사람이 그렇다. 이 또한 옳다. 어쨌든 자기 인생만큼의 무게는 스스로 지고 살아가야 하는 게 인생이다. 최소한 자기 인생의 무게만큼은 스스로 책임을 져야 하는 것이다.

하지만 때로 그 짐의 무게가 너무 무거울 때가 있다. 그럴 때 우리는 소심해지고 나약해지고 포기하고 싶은 생각까지 들게 된다. 그럴 때는 주위를 둘러보라. 누군가 내 어깨의 무게를 나누어지고 갈 사람이 분명 있기 마련이다.

약해 보일까 봐, 부담을 줄까 봐 이야기하지 않는 사람은 어리석은 사람이다. 다른 사람의 어깨에 진 짐이 너무 무거워 보일 때 기꺼이 자신의 어깨를 빌려 줄 사람은 많다. 그렇게 우리는 누군가가 질 수 있는 무게 이상을 지고 힘들어 할 때 조금씩 나누어지며 살고 있다.

사람은 관계 속에서 산다. 관계란 그렇게 조금씩 서로의 짐을 나누어 지며 살아가는 인생의 그물망이다. 언제든 기꺼이 어깨를 빌려 줄 사람, 분명히 여러분의 주위에도 있다.

상대방의 입장에서 생각하라

케네스 M. 구드의 『사람을 황금으로 변화시키는 방법』에는 이런 이야기가 나온다.

'자신에 대한 강한 열정의 관심과, 자신이 아닌 다른 것에 대한 미지근한 관심을 한번 비교해보라. 당신은 세상 모든 사람들도 당신과 같이 생각하고 있다는 사실을 명심하기 바란다. 사람을 성공적으로 다루는 비결은 상대방의 입장에서 문제를 처리하는 것이다.'

상대방의 입장을 이해하려고 노력하면 원수마저도 다정한 친구로 만들 수 있다. 사람을 자기 편으로 만들 수 있는 가장 중요하고도 유일한 방법은, 그들이 바라는 꿈과 희망에 대해 들어주는 것이고 동시에 그것이 성취될 수 있도록 힘이 되어 주는 것이다.

어느 날 랄프 월도 에머슨과 그의 아들이 송아지를 우리에 넣으려고 애를 쓰고 있었다. 에머슨은 뒤에서 밀고 아들은 앞에서 송아지를 끌고 있었다. 하지만 송아지는 네 발에 힘을 잔뜩 주고 필사적으로 버텼다.

그 모습을 아일랜드 출신의 가정부가 보게 되었다. 그녀는 송아지에게 다가가 송아지 입에 엄지손가락을 넣고 우리 안으로 이끌었다. 그녀의 엄지손가락을 젖꼭지로 생각한 송아지는 얌전하게 그녀가 이끄는 대로 따라갔다. 그녀는 송아지가 무엇을 원하고 있는지 정확히 알고 있었던 것이다.

사람들도 이 송아지와 마찬가지로 오직 자신이 원하는 바에 따라 움직인다. 그런데 의외로 사람들은 이 부분에 대해서는 자주 잊어버리곤 한다. 그래서 세상에는 자신만을 위해 살아가는 이기적인 사람들이 많다. 또 그래서 오히려 헌신적인 사람들은 어디에서나 환영받기 마련이다.

다른 사람의 입장에서 생각해 볼 줄 아는 마음, 다른 사람의 입장에서 모든 일을 바라보는 마음의 눈이 생긴 사람은 반드시 성공할 수밖에 없다. 다른 사람의 자존심을 존중하고 그에게 중요한 사람이라고 느끼도록 행동하라. 그러면 그 모든 게 다시 돌아오기 마련이다.

사람을 밟고 오르려는 사람은
반드시 누군가에게 짓밟힌다

주인과 함께 여객선을 타고 가던 원숭이가 실수로 바다에 빠졌다. 아무도 그의 모습을 보지 못했기 때문에 배는 떠나버리고 원숭이는 바다 한가운데서 허우적거리고 있었다. 그런데 마침 그곳을 지나던 돌고래가 다가왔다.

"큰일 날 뻔했구나. 내 등에 타."

원숭이는 기뻐하며 돌고래 등에 올라탔다. 돌고래가 물었다.

"넌 어디서 왔니?"

"바다에서만 사는 너 같은 물고기들은 잘 모르는 곳이야."

원숭이의 잘난 체에 화가 났지만 돌고래는 다시 물었다. 그러자 원숭이가 더 잘난 체하면서 말했다.

"나는 말이야, 이 바다보다 넓은 호수가 있는 왕국에서 왔어. 그리고 난 그 나라의 왕자란다."

원숭이의 잘난 체와 허풍에 질린 돌고래는 원숭이를 태운 채 바다 속으로 들어가버렸다.

요즘 유행하는 말로 '호이가 계속되면 둘리인 줄 안다.' 라는 말이 있다. 정확한 표현은 '호의가 계속되면 권리인 줄 안다.' 라는 말이다. 세상을 살다 보면 별의별 사람들이 많지만 특히 이런 행동을 하는 사람들이 눈에 띄게 많은 것 같다. 길을 물어서 친절하게 가르쳐 주었더니 택시비까지 달라는 격이다.

호의를 호의로 받아들이지 않고 오히려 깔보고 무시하려는 사람들은 분명 한 번도 진심으로 남에게 호의를 베풀어본 적이 없는 사람들일 것이다.

진심으로 사람을 대하면 상대방도 진심으로 화답하는 게 도리다. 그리고 대부분의 사람들은 그렇게 살아간다. 전혀 모르는 사람끼리도 호의를 베풀면 진심으로 감사하는 마음을 전하는 게 기본적인 관계의 법칙이다.

세상에는 자기 외의 모든 사람들을 발밑에 두어야만 직성이 풀리는 사람들이 있다. 그래서 상대방의 약점을 알게 되면 그 약점을 이용해 그 사람을 마음대로 움직이려고 한다. 누구라도 그 사람 앞에서 빈틈을 보이면 가차 없는 공격을 감행한다. 그렇게 주위 모든 사람들을 무릎 꿇게 해야만 하는 사람은 스스로는 뿌듯할지 몰라도 참으로 불행한 인생을 사는 사람이다.

눈앞에서는 사람 좋은 웃음을 웃지만 돌아서면 비웃음으로 변하고, 눈앞에서는 무릎을 꿇지만 돌아서면 복수를 다짐하는 사람들에 둘러싸여 산다고 상상해보자. 다른 사람들을 강제로 복종시키는 만족감은 결코 오래 가지 않는다.

참된 친구는 인생 최고의 활력소이다

아들이 불량한 아이들과 어울리는 것을 본 아버지는 그날 저녁 붉은 사과 여섯 개를 따다가 쟁반 위에 올려 아들 앞에 내밀었다.

아버지는 아들에게 사과가 아직 익지 않았으니 다 익을 때까지 며칠 두어야 한다고 말했다. 그러고는 그 여섯 개의 사과 사이에 완전히 썩어버린 사과 하나를 같이 두었다.

그것을 본 아들이 말했다.

"썩은 사과 때문에 다른 사과들도 모두 썩어버릴 텐데요."

그러자 아버지가 대답했다.

"혹시 알아. 싱싱한 사과가 썩은 사과를 다시 살려낼지?"

그리고 8일이 지난 뒤 사과를 꺼내자 모두 썩어서 먹을 수 없게 되어버렸다.

그것을 보고 아들이 말했다.

"보세요. 다 썩어버렸잖아요."

그제야 아버지는 자상한 목소리로 아들을 타일렀다.

"아들아, 좋은 사과 여섯 개가 있어도 한 개의 썩은 사과를 다시 살려내지 못하지 않니? 그런데 만일 여섯 개의 사과가 썩은 사과이고 한 개의 사과가 싱싱한 사과일 때는 어떻겠니. 사람을 사귀는 것도 이와 같단다."

검은 것과 가까이 하면 검은 물이 들고 붉은 것과 가까이 하면 붉은 물이 들기 마련이다. 친구란 서로 사귀면서 서로 물들기 마련인 것이다.

우리는 인생을 살면서 많은 친구들을 사귀게 된다. 때로는 개성있는 친구들을 사귀기도 하고 또 때로는 상한 사과 같은 친구도 사귀게 된다. 하지만 행복한 인생을 설계하는 사람이라면 사람을 가릴 줄도 알아야 한다.

지금 옆에 있다고 해서 그 사람들이 모두 나에게 도움이 되지는 않는다. 아니 오히려 해가 되는 사람들도 있다. 그래서 조금은 이기적이라는 말을 듣더라도 자신의 인생에 도움이 되는 사람들을 사귀는 게 현명하다.

성공을 꿈꾸는 사람이라면 역시 성공을 꿈꾸는 사람을 친구로 삼는 게 가장 좋다. 같은 꿈이 아니어서 가는 길이 다를지라도 그런 친구는 같은 인생의 방식을 살아가고 있기 때문이다.

술과 친구는 오래 묵을수록 좋다는 말이 있다. 오래된 술은 향미가 깊어지고 오래된 친구는 서로 말하지 않아도 마음을 알기 때문이다. 서로의 마음을 알고 나서도 계속 친구관계가 유지되었다는 것은 그만큼 서로에 대한 신뢰가 쌓여 있다는 뜻이기도 하다.

말하지 않아도 마음을 알아주고, 세상 사람들이 다 비웃어도 자신의 꿈을 인정해주고 열심히 하도록 격려해주는 친구는 성공의 길을 가는 데 최고의 활력소이다.

영국의 어떤 출판사에서 '친구'라는 말에 대한 정의를 공모한 적이 있었다. 물론 많은 사람들에게서 응모엽서가 날아들었다. '기쁨은 더해 주고 고통은 나눠 갖는 사람', '나의 침묵을 이해해 주는 사람'. '많은 동정이 쌓여서 옷을 입고 있는 것' 등의 글이었다. 그리고 대상을 차지한 글의 내용은 다음과 같았다.

'친구란 온 세상이 다 내 곁을 떠났을 때, 나를 찾아오는 사람이다.'

좋은 친구는 영혼의 동반자이다. 세상 사람들이 모두 손가락질할 때도, 세상 사람들이 모두 다 무시해도 속 깊은 친구는 그 모든 것을 다 이해하고 보듬어준다.

영국의 철학자 베이컨은 친구가 없는 세상을 황야에 비유했다. 황야는 고독하고 적막한 세계이다. 사람은 사람들 속에서 살아야 하고, 힘든 길을 걸을 때는 누군가와 손을 잡고 걸어야 한다. 그럴 때 손을 잡아주는 친구가 참된 친구이다.

칭찬은 기회로 통하는
마법의 문이다

1968년 미국의 심리학자 로버트 로젠탈은 초등학교 학생들과 선생님을 대상으로 한 가지 흥미로운 실험을 했다. 교사들에게 거짓으로 지적 능력과 학업 성취가 향상될 수 있는 학생들을 구별할 수 있는 테스트 방법을 개발했다고 말했다. 그리고 이 테스트에서 높은 점수를 얻은 학생의 명단을 알려 주었다. 이 명단은 전체 학생의 20퍼센트에 해당하는 것이었지만 실제로는 무작위로 선정한 것이었다.

그런데 8개월이 지난 후, 로젠탈은 그 명단에 있던 학생들이 다른 학생들보다 평균 지능과 성적이 모두 향상되었다는 것을 알게 되었다. 실험에 참가한 교사들은 발전 가능성이 있다고 분류된 학생들에게 더 많은 주의를 기울이게 되었고, 그 기대에 부응하기 위해 학생들의 학습 효과가 커졌기 때문이었다. 이렇게 다른 사람의 기대나 관심으로 인해 좋은 결과를 얻게 되는 현상을 '로젠탈 효과' 또는 '피그말리온 효과'라고 한다.

존 듀이 교수는 사람들은 중요인물이 되려는 본능적 욕망을 가지고 있다고 했고, 윌리엄 제임스 교수는 '인간은 누구나 칭찬 받고 싶어한다.'고 말했다. 우리는 우리가 만나는 모든 사람들로부터 칭찬 받기를 원하고 인정받기를 원한다. 마찬가지로 우리 주위의 모든 사람들도 인정받고 칭찬받기를 바란다. 하지만 겉치레만의 칭찬인 아부는 누구라도 바로 느낄 수 있다.

칭찬과 아부의 차이점은 무엇일까? 그것은 진심이냐 아니냐의 차이다. 칭찬은 마음속에서 우러나오는 진실된 말이며, 이기심을 초월할 수 있는 말이며, 모두가 바라는 말이다. 아부는 이기적인 마음에서 나오는 말이며, 입술 위에 잠깐 붙었다 사라지는 말이며, 모두가 싫어하는 말이다. 아부는 지혜가 있는 사람들에게는 절대 통하지 않는다.

예수는 '무엇이든 남에게 대접 받고자 하는 대로 남을 대접하라.'고 이야기했다. 이 말은 대인관계에 대한 모든 연구에서 공통적으로 발견되는 금언이다. 에머슨은 '내가 만나는 어떤 사람이라도 나는 그에게서 나보다 나은 장점을 발견하고는 한다. 그럴 때마다 내 스스로 배울 기회를 갖게 되는 것이다.'라고 말했다.

다른 사람들의 장점을 찾아 진심으로 그의 장점을 칭찬해주는 것은, 곧 자신의 가치를 높이는 것이기도 하다. 그리고 자신의 평판을 좋게 만드는 가장 좋은 방법이다.

미국 워싱턴 대학의 에이멀 치머 교수는 평판이 좋은 사람들과 평판이 좋지 않은 사람들을 그룹으로 나누어 휴대전화를 판매하는 실험을 했다. 물론 주위의 평판이 좋은 그룹의 판매량이 압도적으로 많았다. 그리고 별도의 요금이 부과되는 서비스의 가입률은 비교가 불가할 정도였다.

말은 청산유수로 잘하지만 믿음이 가지 않는 사람이 있는 반면, 어눌하게 말하지만 믿음이 가는 사람이 있다. 이들의 차이점은 그들의 말에 진심이 담겨 있는지에 있었던 것이다.

누구를 만나든 진심으로 그 사람의 장점을 찾아 칭찬하는 사람은 주위로부터 좋은 평판을 받기 마련이고, 성공의 길로 가는 데 많은 지원세력을 갖게 되는 셈이다. 그야말로 말 한 마디로 천 냥 빚을 갚는 게 아니라 천 냥의 보물을 얻는 것이다.

대화의 90%는 듣기다

거의 모든 대화에는 목적이 있다. 그 목적이 이성적인 것인지 감정적인 것인지는 중요하지 않다. 흔히 토론이라고 부르는 이성적인 대화 속에는 자신의 의견을 구체적인 정보와 함께 제공함으로써 상대방을 설득하는 데 그 목적이 있다. 다른 사람과의 유대관계를 위한 대화 속에는 감정과 정서의 전달로 지금까지의 관계를 유지, 지속, 회복하려는 목적이 있다. 그래서 대화에는 듣는 기술과 말하는 기술이 필요하다.

듣는 기술이란 상대방이 하는 이야기의 목적을 파악하는 데 있다. 때로는 공감과 지지를 표현하는 것만으로도 만족되는 대화가 있고, 명확한 목표와 실행계획 등에 대한 구체적인 의견 제시가 필요한 대화가

291

있다. 따라서 듣기를 잘하려면 말하는 사람의 의도를 정확히 파악하는 게 첫 번째 과제라고 할 수 있다.

가령 '나 지금 힘들어.' 라고 말할 때에도 그 사람에게 위로와 격려가 필요한 것인지, 해결방법을 묻고 있는 것인지 파악해야 한다는 뜻이다. 하지만 실제로는 사람들의 말하는 방법이 각양각색이기 때문에 이를 쉽게 파악하기는 힘들다. 이를 파악하기 위해서는 말하는 사람의 의중을 파악하면서 그의 말이 끝날 때까지 끝까지 듣고 난 다음 말해야 한다.

듣는 능력은 읽는 능력과 비슷하다. 같은 문장을 읽고도 서로 다른 해석이 나오는 것처럼 같은 말을 들어도 각자 다르게 반응하는 것이다. 우리는 오랫동안 학교에서 문장을 읽고 그 의도를 파악하는 연습을 해왔다. 그래서 어떤 문장을 읽었을 때 독해능력이 어지간히 떨어진 사람이나 의도적으로 왜곡하는 경우를 제외하면 대부분 같은 의미로 받아들이게 된다.

그러나 다른 사람의 이야기를 듣고 그 의도를 파악하는 능력은 개인에 따라 많은 차이가 있다. 이는 말하는 사람의 특성과도 관련이 있지만, 그 중요한 원인은 말을 듣는 기술을 가르치지도 배우지도 않는다는 데 있다. 그리고 말을 듣는 기술보다는 말을 하는 기술을 더 중요하게 여기기 때문이다. 때문에 말을 잘하는 사람은 많아도 말을 잘 들어주는 사람은 드물다. 왠지 말하지 않고 듣고만 있으면 말하는 사람보다 낮아진다는 생각이 들게 마련이다. 그래서 남의 말을 들을 생각은 하지 말고 시종일관 말하는 데만 집중한다. 상대방이 말을 하고 있는 도중에라도 할 말이 떠오르면 그의 말을 바로 끊고 반박한다. 그 사람의 말을 듣고 있어봐야 시간낭비일 뿐이라고 생각한다. 하지만 자신의 할 말을 다 마치지 못하고 끊긴 상대방은 바로 우리의 말도 그렇게 생각하게 될 것이다. 대화의 주도권은 듣고 질문하는 사람에게 있는 것이지 말하는 사람에게 있지 않다.

대부분의 사람들이 이런 데에는 사람들에게 자신을 이해받고 싶은 욕구와 자랑하고 싶은 욕구가 깔려 있기 때문이다. 그래서 자신의 이야기에 흥미를 보이고, 진심으로 공감해주며, 진지한 표정으로 귀담아 듣는 사람들에게는 믿음과 호의를 갖게 된다.

대화의 비결은 바로 이것이다. 상대방이 어떤 이야기를 하더라도 고개를 끄덕이면서 조용히 들어주고 그의 의견에 긍정을 표시하면 되는 것이다. 그들은 자신의 말을 성의있게 들어준 사람들에게 호의를 가질 것이고 언제든 다시 대화하고 싶은 마음을 갖게 될 것이다. 그들도 하고 싶은 말을 참으면서 누군가의 말을 진심으로 공감하며 들어준다는 것이 얼마나 어려운 일인지 알고 있기 때문이다. 그렇게 조금만 인내력을 발휘해서 노력하면 자신과 대화한 모든 사람들을 친구로 만들 수 있다. 그리고 그런 관계들 속에서 생각지도 못했던 행운과 성공의 기회가 만들어지는 것이다.

없는 기회도 만들어내는
말하기 기술

대화에 대한 연구들을 보면 말하고자 하는 내용이 말로써 전달되는 경우는 7% 이하라고 한다. 오히려 목소리와 얼굴 표정, 몸짓, 손짓과 같은 비언어적인 부분이 전하고자 하는 내용의 75%를 차지한다.

사람들은 다른 사람이 하는 말을 그대로 받아들이는 것이 아니라 자신의 마음을 거쳐서 듣는다. 따라서 듣는 사람의 마음이 어떠하냐에 따라 말하는 사람의 의도가 잘 전달될 수도 있고 왜곡될 수도 있다. 그런데 목소리와 얼굴 표정, 몸짓과 같은 비언어적인 부분이 듣는 사람의 마음에 큰 영향을 미치므로 대화에 있어 이런 비언어적인 부분이 오히려 말보다 더 큰 영향력을 발휘하는 것이다. 비언어적인 부분을 포함하여 모든 말은 자신을 반영하는 거울과 같다.

그래서 다른 사람을 판단하는 가장 큰 기준으로 작용하는 것이 그가 하는 말이다. 말은 자신을 표현하는 도구이기도 하고 다른 사람을 판단하는 도구이기도 한 것이다. 말 한 마디는 한 사람의 삶에 극적이고 긍정적인 변화를 일으키기도 하고, 부정적이고 참담한 변화를 일으키기도 한다. 때문에 적절한 말하기의 기술은 성공의 기회를 잡고자 하는 사람이라면 누구나 익혀두어야 할 유용한 기술이라고 할 수 있다.

목소리 톤과 속도가 절반이다

미국 뉴욕주립대학의 레이먼드 헌트 교수의 실험에 의하면, 사람들은 다른 사람의 목소리만 듣고도 그가 어떤 성격의 사람인지 거의 정확하게 파악했다고 한다. 두 사람의 목소리를 들려준 뒤 어떤 성격일지 알아맞히도록 한 실험에서, '이 사람은 적극적이다.'라고 정확히 맞춘 사람은 84.6%였고, '이 사람은 대담한 사람이다.'라고 맞춘 사람도 81.4%나 되었다고 한다.

일반적으로 목소리 톤이 낮고 말하는 속도가 느리면 그 말에서 권위가 느껴진다. 반대로 말이 빠르고 목소리 톤이 높으면 말의 무게가 떨어지고 경박한 느낌을 준다. 물론 답답할 정도로 천천히 말하는 것은 너무 빨라서 알아들을 수 없을 때와 마찬가지로 좋지 않다.

들기 좋은 울림과 속도는 듣는 사람에게 신뢰와 믿음을 준다. 녹음을 하면서 연습을 한다면 누구라도 좋은 목소리를 갖게 될 수 있다. 그리고 기본적으로 타고난 목소리는 자신만의 개성으로 발휘될 수 있을 것이다.

전문가는 길게 말하지 않는다

제너럴일렉트릭의 전 CEO인 잭 웰치는 어떤 인터뷰에서 다음과 같은 말을 했다.

"간단하고 분명하게 말하는 게 얼마나 어려운지 믿지 못할 것입니다. 사람들은 자신이 단순한 사람으로 보이는 게 싫어서 말이 많아지게 됩니다. 하지만 실제로는 정반대입니다."

분명한 생각을 가진 사람은 말도 또한 분명하다. 하지만 잘 모르거나 분명하지 않은 생각을 가진 사람들은 말을 많이 함으로써 이를 감추려고 한다. 잘 모르는 주제이거나 깊은 고민이 없는 사람은 자신의 생각을 명료하게 정리할 수 없기 때문이다.

이렇게 횡설수설하는 사람들은 다른 사람들의 의견에도 귀를 기울이지 않는다. 오로지 자신의 주장만을 최고의 가치로 여기고 대화 시간의 대부분을 자기가 차지한다. 하지만 구체적인 내용에 대한 지식이 필요한 질문을 받게 되면 동문서답하는 경우가 많다.

명확한 생각은 짧고 분명한 말로 표현된다. 이렇게 표현할 수 있는 사람은 그 일에 대한 전문가라고 할 수 있다. 어떤 질문에 대해서도 정확한 답을 내놓는다. 이런 사람은 누구에게나 호감을 살 수 있을 뿐 아니라 그 호감으로 인해 없던 기회도 만들어지는 것이다.

말로 설득하려고 하지 마라

벤자민 플랭클린은 이런 말을 했다.

'만일 당신이 주위 사람들에게 상처를 주고 무슨 말이든 반박하게 되면 가끔은 승리할 수도 있을 것이다. 하지만 그것은 진실한 승리가 아닌 공허하게 맴도는 승리일 뿐이다. 왜냐하면 당신은 상대에게 영원히 좋지 않은 이미지로 남아 있을 것이기 때문이다.'

남의 단점이나 잘못을 지적해서 보기 좋게 그를 굴복시켰다고 좋아하는 것은 어리석은 행동이다. 당장에는 그보다 우월한 사람이라는 착각 속에서 만족감을 느끼게 되겠지만, 지적당한 사람은 자부심과 자존심에 상당한 상처를 입게 된다. 그래서 겉으로는 받아들이는 것처럼 보일지라도 속에서는 적개심과 분노가 활활 불타오르게 될 뿐이다.

세상에는 논리적인 사람들보다 편견에 사로잡혀 있는 사람들이 훨씬 더 많다. 그들과 만날 때마다 그들의 단점을 지적하고 그 자리에서 굴복시키려고 한다면 결국 세상의 모든 사람과 적이 되어버리고 말 것이다.

오히려 설득하기에 좋은 것은 말이 아니라 행동이다. 백 마디의 말보다 한 번의 행동이 더 큰 힘을 발휘한다. 말로 하는 설득은 유효기간이 짧지만 행동으로 보여주는 설득은 유효기간 없이 다른 사람들의 머릿속에 각인되기 마련이다.

아무리 옳은 말이라도 때와 장소가 있는 법이다. 그래서 말을 할 때는 항상 먼저 스스로 자제하고 자신을 낮출 필요가 있다. 겸손한 자세와 진정성이 느껴지는 충고는 사람의 마음을 움직일 수 있다. 그리고 그 말에 따른 행동을 직접 보여주었을 때 그 사람은 진정한 동료를 얻게 되는 것이다.

2. 새로운 기회의 또 다른 이름, 실패

1965년, 마틴 셀리그먼이라는 심리학자는 개에게 전기충격을 주는 실험을 시작했다.

개가 종소리를 들을 때마다 침을 흘리게 만든 파블로프의 실험을 더 확장하려 했던 것이다. 그는 종이 울리면 먹이를 주는 대신 개에게 전기충격을 가했다. 개는 실험 중에 벨트에 묶여 있었다. 이러한 조건으로 개를 길들인 후 셀리그먼은 낮은 울타리를 사이에 두고 두 공간으로 나누어진 커다란 상자에 개를 넣었다. 종이 울리면 개가 울타리를 뛰어넘어 탈출하리라고 생각했다. 그러나 그렇지 않았다. 개는 그 자리에 그대로 앉아 앞으로의 상황에 대비했다. 이번에는 벨트를 풀고 종을 울린 후 개에게 전기충격을 가해 보았다. 그래도 개는 그대로 앉아 상황을 받아들였다.

반면 한 번도 전기충격을 받아 본 적이 없거나 이전에 상자에서 탈출해 본 적이 있는 개를 상자에 넣고 제압하려고 하자 그 개는 울타리를 뛰어넘어 달아나 버렸다.

벨트에 묶여 전기충격을 받은 개와 전기충격을 받아보지 않은 개의 차이는 탈출에 실패하여 좌절한 경험의 유무였다. 실패의 경험은 결코 바람직하지 않다. 그러나 도전이 아름다운 이유는 모든 도전이 실패할 수 있음에도 이를 감수하고 행동했기 때문에 그 자체로 아름다운 것이다. 따라서 실패란 도전한 자만이 가질 수 있는 것이다. 도전하지 않는 자는 실패도 없다. 그러나 실패가 반복되면 좌절로부터 헤어나오지 못할 수 있기 때문에 방법을 바꾸어 볼 필요가 있다.

부정적인 상황이 계속 반복되면 부정적인 생각을 하게 되고 부정적인 생각이 반복되면 스스로 자포자기 상태가 되어 버린다. 작은 일들에 대한 실패가 반복되면 다시는 도전하고 싶은 의욕이 생기지 않는다. 이렇게 무기력한 상태보다는 바람직하지 않지만 차라리 불평불만하며 실패의 책임을 다른 사람이나 세상 탓이라고 돌리는 편이 나을지도 모른다.

한 번의 성공의 경험이 필요하다. 실패를 딛고 일어설 수 있는 힘은 바로 이 성공의 경험이다. 아무리 작은 경험이라도 반복된 실패로 의욕을 상실한 사람에게는 다시 일어설 수 있는 용기를 준다.

우리는 큰 꿈을 그리고 나서 과정별로 목표를 설정해둔다. 그 마지막 목표를 성공적으로 마치는 순간이 꿈을 이루는 순간이 되는 것이다. 이 중간 목표들을 설정할 때 지나치게 높은 목표들로만 구성하면 쉽게 지치게 된다. 그리고 자칫 실패가 반복될 수도 있다.

각 목표를 정할 때 크고 작은 목표들, 난이도가 높고 낮은 목표들을 적절히 배분할 필요가 있다. 작은 성공의 성취감으로 큰 실패의 좌절감을 떨쳐버리고 꿈을 향해 다시 달릴 용기와 힘을 충전할 수 있는 것이다.

실패는 도전하는 사람만이
가지는 훈장이다

　로빈 커즌즈는 영국의 국가대표 스케이트 선수로 많은 대회에서 우수한 성적을 거두며 이름을 얻었다.

　그가 스케이트를 시작한 지 얼마 안 되었을 때의 일이다. 국내외 대회에서 주목을 받기 시작하자, 그는 보다 나은 기술을 익히기 위해 미국으로 유학을 갔다.

　영국에 있는 동안 승리의 기쁨을 제법 맛본 그는 미국인 코치 앞에서 자신 있게 스케이트를 탔다. 그러나 코치는 냉정하게 말했다.

　"형편없군. 발전 가능성도 없어 보이고, 일찌감치 포기하고 돌아가라."

자존심이 상한 커즌즈는 발끈해서 물었다.

"어떤 면이 그렇게 형편없다는 겁니까?"

코치는 그에 대한 대답 대신 물었다.

"최고의 스케이트 선수가 되고 싶으냐?"

"그야 물론이죠."

"그런데 왜 넘어지지 않으려고 하지? 그렇게 몸을 사리면서 어떻게 최고가 된다는 거야?"

도전하지 않는 사람은 실패할 일도 없다. 실패는 도전하는 사람만이 겪은 훈장같은 것이다. 우리는 성공보다 실패에서 더 많은 지혜를 배운다. 개미가 보리를 물고 담벼락을 오르는 데 69번 떨어지고 70번째에 성공하는 것을 보고 용기를 얻어 적을 물리친 영웅의 이야기가 있다. 성공의 비결은, 실패했을 때 좌절하는 것이 아니라 실패를 통해서 배우는 것이다.

실패는 무엇인가를 도전하는 과정에서 흔히 겪을 수 있는 일이며 다시 도전함으로써 극복되는 것이므로 두려워할 필요는 없다. 실패에 대한 두려움은 성공을 가로막는 최대의 적이다. 누구나 한 번쯤은 실패를 경험한다. 성공에 이르는 과정에서 반드시 겪게 되는 실패를 통해 우리는 더 나은 방법을 찾는다.

데일 카네기는 말한다.

'성공한 사람이란 실패에서 많은 것을 배워 새로운 방법으로 다시 문제에 도전하는 사람을 말한다.'

의지는 운명보다 강하다

우리의 의사와 관계없이 주어지는 외적인 조건들이 있다. 세상 누구에게도 공평하지 않은 이 조건은 많은 사람들을 인생을 시작하기도 전에 좌절하게 하고 포기하게 만든다.

그러나 세상에는 우리가 상상하기도 힘든 어려운 조건들을 뛰어넘은 사람들이 있다.

베이징 올림픽에서 올림픽 사상 최초로 8관왕에 오른 미국의 마이클 펠프스 선수는 '주의력결핍 과잉행동장애(ADHD)'를 앓고 있다는 것이 알려져 큰 감동을 준 바 있다. 펠프스 때문에 학교에 불려간 어머니는 교사로부터 가슴이 덜컥 내려앉는 이야기를 들었다.

"이 아이는 절대로 한 가지에 집중할 수 없을 거예요."

그러나 그녀는 포기하지 않고 수영에 자질을 보이던 아들을 깨워 연습하러 보냈고, 수없이 많은 경기를 참관하며 격려하고 응원했다. 그 결과, 펠프스는 세계 최초로 올림픽 수영 종목에서 14개의 금메달을 따는 '수영의 신'이 되었다.

2008년 베이징 올림픽에서 우리나라뿐만 아니라 동양 최초로 수영에서 금메달을 딴 박태환은 어린 시절 천식을 이기기 위해 수영을 시작했다고 한다. 또 그의 왼팔은 어릴 때 놀다 다쳤는데 제대로 고정이 안 되어서 약간 바깥쪽으로 휘어져 있다. 그런데 그것이 오히려 스트로크에 효과적이라고 한다.

모든 조건을 완벽하게 갖추고 태어나는 사람은 없다. 누군가는 무언인가가 부족하고 또 누군가는 무엇인가가 넘친다. 하지만 모든 사람에게는 스스로 보다 나은 사람이 되려고 하는 본능이 있다. 이 성공에 대한 욕구는 선천적인 조건들보다 훨씬 더 강력한 힘을 발휘한다. 여기에 의지가 더해지면 세상에 못할 일이 없다. 스스로 일어서려고 하는 힘, 그 힘이 우리의 인생을 성공으로 이끈다.

포기하지 않는 한 실패는
실패가 아니다

토마스 칼라일은 2년에 걸쳐 수만 페이지에 이르는 '프랑스 혁명사'의 원고를 완성했다. 그는 출판을 준비하면서 친구 존 스튜어트 밀에게 감수를 청했다.

약 한 달 후, 밀은 감수를 마치고 칼라일에게 원고를 돌려주려고 했다. 그런데 아무리 찾아도 원고가 없었다. 하녀에게 물으니, 쓸모없는 종이 뭉치인 줄 알고 벽난로에 넣어 태워 버렸다고 말했다. 밀에게 사실 이야기를 들은 칼라일은 큰 충격에 빠졌다. 2년의 수고가 하루아침에 불쏘시개로 날아가 버렸으니, 거의 넋이 나갈 지경이었다.

어느 날 칼라일은 아침 산책길에서 벽돌공이 땀 흘리면 벽돌을 쌓고 있는 것을 보았다. 그것을 지켜보던 칼라일은 용기를 냈다.

'벽돌공은 한 번에 한 장씩 벽돌을 쌓는다. 나도 그렇게 하면 된다. 내용을 한 줄 한 줄 기억하면서 다시 쓰는 것이다.'

힘들고 고통스러운 작업이었지만, 칼라일은 꾸준히 계속하여 마침내 원고를 완성했다. 그것은 불태워진 원고를 거의 완벽하게 복원했다. 아니, 그 내용은 오히려 전보다 더 충실하고 생동감이 넘쳤다.

실패했기 때문에 포기하는 것일까 아니면 포기했기 때문에 실패하는 것일까?

사람들은 자신의 한계를 느끼면 포기하고 싶은 욕구가 생긴다. 힘들어서 더는 버틸 힘도 달릴 힘도 없다고 느끼기 때문이다. 그 순간 멈추면 그 동안의 모든 노력과 수고가 아무런 보상 없이 사라지고 만다. 단지 한번의 실패를 경험하게 된다는 것을 제외하고는.

포기하면 실패한다는 것은 너무도 자명한 말이다. 그러나 성공을 향해 오르는 길은 매끄러운 경사길이 아니라 투박한 계단이 깔린 오르막길이다. 하나의 계단을 오를 때마다 성공과 실패가 교차한다. 물론 도전할 때마다 모두 성공하면 더할나위 없이 좋겠지만 그런 일은 거의 일어나지 않는다. 계단 하나하나 모두가 도전자의 인내심과 도전정신을 한계까지 끌어올리기 때문이다.

계단 오르기를 포기하면, 꿈을 이루기를 포기하면 도전할 필요도 없고 실패할 일도 없다. 해왔던 방식으로 앞으로도 살아가면 된다.

실패의 두려움을
희망으로 극복하라

샘 월튼은 월마트의 창업자이다. 그는 유통망을 확장하는 과정에서 수없이 많은 실패를 경험했다. 그러나 그는 다음날이면 태연한 얼굴로 나타나 직원들에게 이렇게 말했다.

"그 생각으로는 안 된다는 것을 알게 되었으니, 이번에는 다른 방향으로 생각해 봅시다."

이렇게 샘 월튼은 실패의 원인을 분석하고 끊임없이 새로운 시도를 함으로써, '항상 낮은 가격에, 언제나 찾는 월마트'라는 이미지를 만드는 데 성공했다.

실패란 미로를 찾는 게임에서처럼 가던 길이 막혀 있으면 다른 방향으로 가는 것과 같다. 출구를 찾을 때까지 미로찾기 게임은 계속된다. 많은 곳에서 막다른 벽을 만나고 다시 되돌아 나간다. 게임이 끝날 때까지 이 실패는 반복되고 반복되고 또 반복된다. 그러나 게임을 포기하지 않고 끝까지 집중하면 반드시 미로의 출구를 찾을 수 있다. 그리고 같은 미로게임을 다시 하게 되면 과거의 실수를 반복하지 않는다.

굳이 성공이라는 부분에 한정짓지 않더라도 우리는 살아가면서 크고 작은 실수들을 저지르고 반성하고 또 실수하기를 반복한다. 그러나 분명한 것은 점점 더 같은 실수를 저지르는 일이 줄어들고 비슷한 상황에서 좀 더 현명한 판단을 할 수 있게 된다는 것이다.

영국 시인 존 키츠의 말이다.

"실패는 성공으로 향하는 큰 길이다. 어떤 것이 잘못됐는지 알 때마다 진실이 무엇인지 알게 하고, 새로운 경험을 할 때마다 잘못이 무엇인지 깨닫게 한다. 그래서 그 다음부터는 실패하지 않게 된다."

같은 실수를 반복할까 봐 미로게임을 그만둘 것인지, 실패할까봐 두려워 인생에서의 성공이라는 게임을 그만둘 것인지는 본인의 선택이다.

하지만 현명한 사람이라면 실패할까 두려워 도전하는 것을 멈추지 않을 것이고, 고되게 땀방울 흘리는 게 싫어서 성공하기를 포기하지는 않을 것이다.

내게 아직 남아 있는 것들

사업을 하다 실패한 사람이 있었다. 그는 자살을 하려고 차를 몰고 가다 친구가 생각나 그 친구의 집으로 향했다.

그 친구는 갑작스런 친구의 방문에 왜 죽으려 하냐고 물었다. 그는 아무것도 가진 것이 없어서 살아갈 희망이 없다고 답했다.

그 친구는 그의 앞에 백지 한 장을 놓고 말했다.

"여기에 지금 자네가 가지고 있는 것을 써 봐."

그는 곰곰이 생각하더니 펜을 들고 이것저것 적기 시작했다. 그가 적은 것은 열 개가 넘었고 더 적을 것도 생각이 나기 시작했다.

친구가 말했다.

"이렇게 가진 게 많은데 아무것도 가진 게 없다고? 다시 시작해보게."

그는 친구의 도움으로 자살을 그만 두었고 집으로 돌아가는 차 속에서 다시 한번 아직도 자신이 가지고 있는 것과 남아있는 것들이 많다는 생각을 했다.

실패로 인해 아무것도 가진 게 없는 사람이 있을까? 지금 당장 눈앞에 있는 것만 적기에도 종이가 부족할 사람이 대부분일 것이다.

언제나 가까이 있는 것은 존재감이 약하다. 함께 살고 있는 가족도, 같이 어울리는 친구들도, 직장 동료들도 항상 그렇게 있어 왔기 때문에 언제까지나 옆에 있을 것이라고 생각된다. 그래서 그들을 잃기 전에는 그 소중함을 잘 알지 못한다.

또한 가까이 있는 것은 그 가치가 낮게 평가된다. 친해지기 전에는 그저 존경스럽고 우러러보이기만 하던 사람도 친밀함이 쌓이게 되면 보통의 사람으로 느껴지게 된다. 목숨이라도 내놓을 것처럼 모든 것을 걸고 사랑했던 사람도 사귀기 시작하고 시간이 흐르면 그 매력이 사라진다.

다만 우리는 그들이 사라지고 난 후에야 그들이 얼마나 소중한 존재였는지를 비로소 알게 된다. 어떤 실패도 모든 것을 앗아갈 수는 없다. 내게 남아 있는 것들의 소중한 가치를 생각하면 실패가 곧 좌절이 되지는 않는다. 그리고 기회를 잡기 위해 다시 시작할 수 있다.

사람은 다른 사람과의 관계 속에서 가치가 만들어진다. 나의 가치는 내가 매기는 것이 아니라 나와 관계를 맺고 있는 다른 사람들이 매기는 것이다.

　최악의 불행에 빠졌을 때 구원해줄 수 있는 것은 결국 사람이다. 내가 그런 상황이 되었을 때 얼마나 많은 사람들이 날 위해 손을 내밀어줄지 그것은 알 수 없는 일이다. 하지만 분명한 것은 주위 사람들이 그런 상황에 닥쳤을 때 우리가 먼저 손을 내밀어 준다면 그도 반드시 그의 손을 빌려 줄 것이라는 점이다.

생각을 바꾸면 행복이 보인다

낡고 좁은 집이 마음에 안 들어 늘 투덜대던 한 청년이 있었다. 청년은 답답한 마음에 마을의 현명한 노인을 찾아가서 도대체 집이 좁고 낡아서 살 수가 없다고 불평을 늘어놓았다. 그러자 현명한 노인이 이렇게 말했다.

"닭을 한 마리 사서 집안에서 키우게."

청년은 노인이 시킨 대로 닭을 한 마리 사서 집안에 풀어놓았다. 그러자 닭은 집안에서 털을 날리며 뛰어다녔고, 이곳저곳에 일을 보는 통에 집은 더 좁아지고 지저분해졌다. 그래서 청년은 다시 노인에게 찾아갔다.

"그럼 이번에는 집안에서 염소를 키워보게."

집안에서 염소를 키우기 시작하자 집은 훨씬 더 좁아졌고 훨씬 더 지저분해졌다. 왠지 속았다는 느낌이 들었다. 그래서 또 노인을 찾아가 불평을 했다. 그러자 노인이 말했다.

"그런가? 그러면 이번에는 암소를 한 마리 들여놓아보게."

"예?"

청년은 속으로 '말도 안 돼.' 라고 생각했지만, 현명하다고 소문난 노인이니 하는 데까지는 해보자고 생각해서 암소를 집안에 들여 키웠다. 집안에서 암소까지 키우기 시작하자 닭과 염소와 암소가 서로 싸우고 어질러 놓은 통에 도저히 더는 버틸 재간이 없었다.

청년은 다시 노인을 찾아갔다. 그리고 집안 불평에 노인에 대한 불평까지 같이 쏟아냈다. 그러자 노인이 알 듯 모를 듯한 미소를 지으며 이렇게 말했다.

"이제 되었으니 닭과 염소와 암소를 집 밖으로 내보내게."

집으로 돌아온 청년은 동물들을 밖으로 내보내고 엉망이 된 집안을 깨끗하게 치우기 시작했다. 그리고 집안이 치워지고 정리정돈될수록 청년의 마음속에 있던 불평불만도 함께 사라지기 시작했다.

불평이나 불만은 대개 부족한 것 혹은 가지지 못한 것에서 비롯된다. 돈이 너무 많아서 불만이라거나 아는 게 너무 많다고 불평하지는 않는다. 그런데 이 결핍의 감정은 나에게만 있는 게 아니라 모든 사람들에게 있다. 세상에 모든 것을 다 가지고 태어난 사람은 없다. 또한 죽기 전에 세상의 모든 것을 다 이룰 수도 없다.

태어날 때 부모로부터 뛰어난 머리, 풍부한 재력, 멋진 외모를 받은 사람들이 있는 반면에 어떤 사람들은 최악이라고 생각되는 환경 속에서 태어나기도 한다. 이러한 선천적인 조건과 물려받은 환경의 영향력은 무시할 수 없는 수준이다. 안타깝지만 지금 당장은 어떻게 할 수 없는 문제다.

지금 당장 어떻게 할 수 없는 문제에 대해 불평하고 불만스러워 한다고 달라지는 것이 있는가? 바꿀 수 없는 것에 부질없이 매달려보아야 소용없다. 생각을 바꾸어 바꿀 수 있는 것에 에너지를 집중하라. 예상보다 많은 것들을 바꿀 수 있고, 그로 인해 당신은 남들로부터 부러움과 존경을 받는 사람이 되어 있을 것이다.

꽃은 그 크기와 색깔에 관계없이 모두 아름다운 꽃이다. 그리고 모든 식물은 저마다의 꽃을 피워내기 위해 온 힘을 다 한다. 당신도 온 힘을 다 해서 언젠가는 당신만의 꽃을 피워낼 것이다. 그리고 당신이 어떤 꽃을 피워낼지는 당신만이 알 수 있다.

희망의 이름으로

"제 일에는 제가 앞을 볼 수 없다는 게 오히려 도움이 됩니다. 눈이 보이지 않기 때문에 겉모습으로 사람을 판단하지 않기 때문입니다. 고정된 선입견으로부터 나를 지킬 수 있으니 얼마나 다행입니까."

제2차 세계대전 중인 1945년 3월 15일, 코빈 윌리엄스는 프랑스 전선에서 전차 뒤를 따라 걷고 있었다. 그 전차가 지뢰를 건드려 폭발하는 바람에 그는 그만 실명하고 말았다. 그러나 그 일이 목사이자 카운슬러가 되려는 그의 꿈을 좌절시키지는 못했다.

불운 뒤에 찾아오는 패배감은 정신을 황폐하게 만든다. 마치 세상이 다 끝난 것만 같은 깊은 절망감은 늪과 같아서 점점 바닥으로 가라

앉게 한다. 도무지 빠져나갈 수 있는 방법이 없어 보인다.

이럴 때 희망은 하늘에서 내려오는 구원의 밧줄처럼 사람들 머리 위에서 흔들리고 있다. 이 희망의 밧줄을 잡을 것인지 잡지 않고 늪 속에서 계속 허우적대고 있을 것인지는 본인의 판단에 맡길 수밖에 없다. 주위 사람들의 이야기에 귀 기울일 정도의 의지만 있어도 우리는 이 희망의 밧줄을 잡을 것이다. 하지만 주위에서 아무리 도와주려고 해도 귀를 막고 눈을 감고 있으면 희망의 밧줄이 있는지도 알 수 없다.

절망의 순간에 스스로 일어서는 사람들은 위대한 사람들이며 존경을 받아 마땅한 사람들이다. 주위의 도움을 받아 늪을 빠져나오는 사람들도 자신의 의지로 일어선 현명한 사람들이다. 희망은 어떠한 순간에도 우리 주위에서 우리를 구원하기 위해 맴돌고 있다.

실패와 절망의 경험은 희망이 있는 사람에게는 보다 현명해지고 보다 지혜로워지며 보다 강해지는 보약이 되기도 한다.

데일리는 이렇게 말했다.

"성공한 사람은 다른 사람이 던진 벽돌로 오히려 기초를 쌓은 사람이다."

참고도서

『넛지』, 리처드 탈러, 캐스 선스타인 지음, 리더스북,

『내게 아직 남아있는 것들』, 이충호 지음, 하늘아래

『지혜의 보석상자』, 심창희 지음, 화담출판사

『선택의 심리학』, 쉬나 아이엔가 지음, 오혜경 옮김, 21세기북스

『습관의 힘』, 찰스 두히그 지음, 강주헌 옮김, 갤리온

『아웃라이어』, 말콤 글래드웰 지음, 노정태 옮김, 김영사

『기회』, 김진혁 지음, 넥스웍

『나를 바꾸는 성공전략』, 이경애 지음, 조인북스

『스마트한 선택들』, 롤프 도벨리 지음, 두행숙 옮김, 걷는나무

『사람을 움직이는 100가지 심리법칙』, 정성훈 지음, 케이앤제이

『성공으로 가는 길 대화법』, 레스 기브린 지음, 김호진 옮김, 새벽이슬

『정년 후』, 이충호 지음, 하늘아래

『자기암시』, 에밀 쿠에 지음, 최준서 옮김, 하늘아래